GÉOGRAPHIE

DE LA

TERRE SAINTE

Paris. Imprimerie de Mme Ve Dondey-Dupré, rue St-Louis, 46, au Marais.

GÉOGRAPHIE

DE LA

TERRE SAINTE

OUVRAGE DÉDIÉ

aux Ecoles, aux Pensionnats et aux Familles

AVEC UNE CARTE

PAR

LOUIS SEGOND

Pasteur, Membre de la Société Asiatique de Paris

———

PARIS

JOËL CHERBULIEZ, LIBRAIRE

6, PLACE DE L'ORATOIRE

GENÈVE, MÊME MAISON

1851

La Terre-Sainte!...

A ces seuls mots, qui de vous, mes chers enfants, n'a jamais senti son cœur tressaillir?... Et, si tous ne rêvent pas un voyage que la Providence permettra peut-être à l'un ou à l'autre de vous d'accomplir un jour, tous au moins ne voudrez-vous pas consacrer quelques heures à l'étude de cette contrée jadis bénie du Ciel? N'aurez-vous pas plus de plaisir à lire dans la Bible ou à entendre répéter ces récits des patriarches, qui déjà vous ont tant intéressés? Ne suivrez-vous pas avec plus de joie les traces de notre bon Sauveur, prêchant la grande nouvelle du salut à travers les villes et les bourgades de cette terre sacrée, quand vous connaîtrez les lieux qu'il a visités, et que votre jeune imagination pourra vous y transporter, pour être témoins, au milieu de la foule, des guérisons et des prodiges dont son ministère fut accompagné? —

Je l'espère, chers enfants, et c'est pour cela que

j'ai écrit ce petit livre, qui vous enseignera, sur la géographie de la Terre-Sainte, les notions les plus essentielles à retenir, si vous voulez mieux comprendre et aimer davantage encore les leçons bibliques qui vous sont données.

Que le Seigneur lui-même soutienne vos efforts, et qu'aucun de vous n'oublie de lui demander sa bénédiction !

GÉOGRAPHIE
DE LA TERRE SAINTE.

CHAPITRE Ier.

Noms, situation, divisions.

---

§ 1er.

NOMS.

Les principaux noms par lesquels on désigne, en tout ou en partie, la contrée que nous allons décrire, sont les suivants :

1. *Pays de Canaan*, de Canaan, fils de Cham et petit-fils de Noé.

2. *Pays* ou *Terre d'Israël*, de Jacob, surnommé Israël, l'un des patriarches.

3. *Terre-Sainte*, des saints hommes qui l'habitèrent et de la vraie religion dont elle fut honorée.

4. *Terre de l'Éternel*, du Souverain Maître, qui en fut le protecteur et le père.

5. *Terre promise*, des promesses faites aux patriarches, avant que leurs descendants la possédassent.

6. *Palestine*, des Philistins (en hébreu *Pelescheth*), qui occupaient une portion du pays.

7. *Judée*, de la tribu et du royaume de Juda.

Le premier de ces noms est celui que portait la contrée avant la venue des Hébreux ; ils se donnèrent eux-mêmes les trois suivants, lorsqu'ils en eurent fait la conquête ; le cinquième ne se trouve que dans le Nouveau Testament; le sixième nous vient des Grecs, et le septième des Romains, qui se rendirent successivement maîtres du pays, dans les siècles rapprochés du Sauveur.

§ 2.

SITUATION.

C'est dans l'Asie, berceau de la race humaine, à peu près au centre du monde connu des anciens, qu'est située la Terre-Sainte, jadis patrie du peuple élu, actuellement au pouvoir des Musulmans.

Encadrée de tous côtés par la mer, les montagnes et les déserts, elle se présentait comme une forteresse naturelle, gênant le contact avec les nations idolâtres, et favorisant le dépôt en Israël des vérités révélées.

A l'*ouest*, la Méditerranée la baignait de ses eaux; au *nord*, s'élevaient les cimes neigeuses du mont Liban; à l'*est*, s'étendaient les déserts de Syrie et d'Arabie, et au *sud*, celui de l'Idumée.

Une détermination plus précise des limites de la Palestine est impossible : parce qu'elles varièrent selon les époques; parce que les Israélites ne furent jamais en possession complète de celles qui leur avaient été assignées, lors du partage de Canaan; parce que, du temps de David et de Salomon, elles furent reculées fort au delà de ce qu'elles devaient être primitivement.

L'étendue de la Terre-Sainte, en temps ordinaire, embrassait une surface carrée d'environ 1,300 lieues, c'est-à-dire un tiers moins grande que celle de la Suisse. — Sa longueur peut être évaluée à 60 lieues, à partir de Dan, la ville la plus septentrionale, jusqu'à Béerséba, la ville la plus méridionale. Pour la largeur, très-variable suivant les divers points, on aura une moyenne approximative dans le chiffre de 36 lieues.

§ 3.

DIVISIONS.

Près de quinze siècles s'écoulèrent, depuis l'entrée des Israélites en Canaan jusqu'à la venue de Jésus-Christ. Durant ces quinze siècles, l'histoire offre, selon les temps, trois divisions principales du pays : la première en TRIBUS, la seconde en ROYAUMES, la troisième en PROVINCES.

I. DIVISION EN TRIBUS. — Elle s'organisa avec la conquête de la terre de Canaan, et dura quatre siècles. Les tribus étaient au nombre de douze, dont voici les noms, tirés de ceux des enfants de Jacob et de Joseph :

1. *Tribu de Nephthali*, fils de Jacob, tout à fait au nord.

2. *Tribu d'Asser*, fils de Jacob, le long de la mer.

3. *Tribu de Zabulon*, fils de Jacob.

4. *Tribu d'Issachar*, fils de Jacob.

5. *Tribu d'Éphraïm*, fils de Joseph, au centre.

6. *Tribu de Benjamin*, fils de Jacob, la plus petite.

7. *Tribu de Dan*, fils de Jacob.

8. *Tribu de Juda*, fils de Jacob, au sud.

9. *Tribu de Siméon*, fils de Jacob, au sud.

10. *Tribu de Manassé*, fils de Joseph, en deçà et au delà du Jourdain.

11. *Tribu de Gad*, fils de Jacob, à l'est du Jourdain.

12. *Tribu de Ruben*, fils de Jacob, à l'est du Jourdain.

Les descendants de *Lévi*, dernier fils de Jacob, au lieu d'un territoire contigu en partage, habitaient dans quarante-huit villes disséminées dans les douze tribus.

II. DIVISION EN ROYAUMES. — La Terre-Sainte fut érigée en un royaume unique, 1100 ans avant Jésus-Christ. Saül, David et Salomon, occupèrent le trône chacun 40 ans. Dès lors, à la suite d'une révolution, le pays fut partagé en deux royaumes, dont le dernier subsista quatre siècles.

1. *Royaume d'Israël*, formé de dix tribus révoltées sous la conduite de Jéroboam. Il eut dix-neuf rois, et fut détruit, l'an 722 avant Jésus-Christ, par Salmanasar, roi des Assyriens.

2. *Royaume de Juda*, formé des tribus de Juda, de Benjamin et de quelques portions détachées de celle de Siméon, fidèles à Roboam, fils de Salomon. Il eut vingt rois, et fut détruit, l'an 588 avant Jésus-Christ, par Nébucadnetsar, roi de Babylone.

III. DIVISION EN PROVINCES. — Au temps de Jésus-Christ, et depuis une époque assez incertaine après la captivité de Babylone, la Palestine se divisait en quatre provinces, les trois premières à l'occident et la quatrième à l'orient du Jourdain.

1. La *Galilée*, au nord, partagée en Galilée supérieure et Galilée inférieure.

2. La *Samarie*, au centre, la plus petite des quatre.

3. La *Judée*, au sud.

4. La *Pérée*, contenant, à l'est du Jourdain, un territoire subdivisé en cinq provinces : la Trachonitide, la Gaulanitide, l'Auranitide, la Batanée et la Pérée proprement dite.

CHAPITRE II.

Montagnes, vallées, déserts.

§ 4.

MONTAGNES.

Les expressions *monter* et *descendre*, si fréquentes dans la Bible, indiquent à elles seules que la Terre-Sainte est un pays montueux.

En effet, deux chaînes parallèles, qui partent du Liban sur la frontière de Syrie, au nord, traversent le pays dans toute son étendue, chacune de l'un des côtés du Jourdain. Les prolongements divers et les interruptions, plus ou moins soudaines, qu'elles offrent, donnent naissance à une multitude de coteaux, de vallées et de plaines. En général, ces montagnes s'inclinent en pentes douces sur le versant de la Méditerranée, et se terminent d'une manière escarpée sur le versant opposé ; les sommets de la plupart ne sont guère élevés ; et, riches de végétation au centre et vers le nord, elles deviennent incultes et stériles à mesure qu'elles s'approchent du midi.

Voici les dénominations sous lesquelles sont connues les principales de ces montagnes, et celles auxquelles se rattachent des souvenirs bibliques intéressants :

1. *Montagnes du Liban*, séparant au nord la Palestine du territoire syrien de Tyr et de Sidon. Les sommités les plus élevées, dont on n'a pas encore une mesure exacte, sont toute l'année couvertes de neiges : d'où est venu le nom de *Liban*, qui signifie *mont blanc*. A une

certaine hauteur, les flancs sont couverts de forêts, et des plantes aromatiques en parfument le pied.

2. *Montagnes de l'Antiliban*, qui se détachent du Liban, prennent la direction méridionale et pénètrent, en formant diverses branches, dans le pays d'Israël.

3. *Mont Hermon*, branche de l'Antiliban, prolongée à l'est des sources du Jourdain : c'est le sommet le plus élevé de la chaîne, rendu célèbre par ses neiges éternelles.

4. *Monts de Nephthali*, autre branche de l'Antiliban, prolongée à l'ouest des sources du Jourdain, dans la tribu du même nom.

5. *Mont Thabor*, isolé et de forme conique, au sud des monts de Nephthali ; une plaine fertile, d'environ une demi-lieue de circonférence, couronne son sommet. C'est là que Barak, d'après les ordres de Débora, juge en Israël, rassembla dix mille hommes pour combattre Siséra, chef d'une armée cananéenne. C'est aussi sur le Thabor que la tradition de l'Église place la scène de la Transfiguration de Notre-Seigneur.

6. *Mont Carmel*, qui se développe, à quelques lieues du Thabor, et comme un croissant, dans le sens du sud-est au nord-ouest, et s'en va mourir dans la mer en forme de promontoire, au-dessous de la ville de Saint-Jean d'Acre. Le Carmel est employé par les prophètes comme symbole de la fertilité : des pâturages, des forêts, des arbustes, et, particulièrement, l'olivier et la vigne couvraient ses flancs, son sommet et les environs. Il s'y trouve beaucoup de grottes et de cavernes, dans l'une desquelles se retira le prophète Élie.

7. *Montagnes d'Éphraïm*, au sud du Carmel, avec lequel elles se lient, et de là parcourent en entier la Samarie, au travers de l'ancienne tribu d'Éphraïm. Deux sommités, le mont *Ebal* et le mont *Garizim*, sont célèbres dans l'histoire des Israélites : après l'entrée en Canaan, les malédictions contre ceux qui violeraient la loi

et les bénédictions pour ceux qui l'observeraient furent solennellement prononcées en la présence des douze tribus, dont six placées contre le mont Ébal et six contre le mont Garizim. Sur ce dernier, après la captivité, un temple fut élevé par les Samaritains, repoussés des Juifs, qui ne voulurent pas les associer à eux pour la reconstruction du temple de Jérusalem.

8. *Montagnes de Juda*, faisant suite à celles d'Éphraïm, jusqu'à la limite méridionale de la Terre-Sainte. Les hauteurs les plus intéressantes à rappeler sont : le mont de *Sion*, forteresse et cité de David, dans Jérusalem ; le mont de *Morija*, sur lequel Salomon construisit le Temple ; le mont des *Oliviers*, à quinze minutes de Jérusalem, retraite fréquente du Sauveur, et lieu où il se sépara de ses disciples lors de son ascension.

§ 5.

Toutes les montagnes que nous venons de citer sont à l'ouest du Jourdain. Reste à mentionner les principales de la chaîne orientale.

9. *Montagnes de l'Hauran.* C'est un plateau, qui commence à une certaine distance du mont Hermon, et dont une portion est connue sous les noms de montagnes de *Golan* et de *Basan*. Les auteurs sacrés vantent les chênes et les taureaux de Basan.

10. *Montagnes de Galaad.* Elles occupent le centre du territoire oriental du Jourdain, vers lequel elles se dirigent en une ligne transversale, dont le point de départ est au midi du Basan.

11. *Montagnes d'Abarim.* Situées au sud, dans le territoire de Ruben, elles renferment le mont *Peor* et le mont *Pisga.* Au Pisga appartient la cime du *Nébo :* là mourut Moïse, après avoir contemplé la terre de Canaan, où l'Éternel, en punition d'une faute, lui avait déclaré qu'il n'entrerait pas.

§ 6.

VALLÉES.

Si le sol montagneux de la Palestine ne laisse guère d'espaces pour de vastes plaines, il est l'origine d'une multitude de vallées, que la Bible elle-même est bien loin de nommer toutes. Les unes sont cultivées, les autres stériles; celles-ci sont parcourues par une rivière ou un torrent, celles-là sont dépourvues d'eaux et flanquées de rochers escarpés.

Nous indiquerons celles qu'il importe le plus de connaître.

1. *Vallée* ou *plaine du Jourdain*, le long de ce fleuve, entre les deux grandes chaînes de montagnes. C'est la plus étendue de la Palestine : souvent resserrée par les rochers, elle gagne en quelques endroits une largeur de deux ou trois lieues. Sauf vers le nord, elle est contraire à la végétation, à cause de la chaleur qui y règne et de l'aridité de son terrain couvert de sable ou de sel. La Méditerranée est de près de cent toises plus élevée.

2. *Vallée* ou *plaine d'Isréel*, appelée plus tard *Esdrélon*, entre le mont Carmel et le mont Thabor, longue d'environ huit lieues, et remarquable par sa fertilité. Là, du temps des Juges, Barak mit en déroute l'armée de Siséra, et Gédéon triompha des Madianites; là, du temps des Rois, Saül périt de la main des Philistins, et d'autres batailles se livrèrent encore entre les Israélites et leurs ennemis.

3. *Vallée* ou *plaine de Saron*, sur les côtes de la mer Méditerranée, depuis le Carmel jusqu'à la ville de Jaffa ; riche de végétation et de bons pâturages.

4. *Vallée* ou *plaine de Séphéla*, faisant suite, le long de la mer, à celle de Saron, et se développant jusqu'à

la frontière méridionale; elle embrassait ainsi les villes du pays des Philistins.

Telles sont les quatre vallées les plus considérables.

§ 7.

5. *Vallée d'Ajalon*, s'ouvrant sur la plaine de Saron, entre les montagnes d'Éphraïm et celles de Juda. Après la grande victoire de Josué sur les Cananéens du midi, une partie des fuyards se précipitèrent dans cette vallée, où ils furent poursuivis et taillés en pièces par les Israélites.

6. *Vallée de Josaphat* ou *du Cédron*, à l'est de Jérusalem, ravin profond, où le torrent de Cédron forme une infinité de contours jusqu'à sa chute dans la mer Morte.

7. *Vallée de Hinnom* ou *de la Géhenne*, au sud de Jérusalem. C'est là que les Israélites idolâtres accomplirent plus d'une fois les cérémonies barbares du culte de Moloch, divinité moabite : ils enfermaient leurs enfants dans une statue grillée, sous laquelle ils mettaient le feu. Au temps du Sauveur, les Juifs avaient horreur de ce lieu, qu'ils regardaient comme symbole de l'enfer.

8. *Vallée des Réphaïm* ou *des Géants*, aux environs de Jérusalem, dans la direction du sud-ouest.

9. *Vallée du Chêne* ou *des Térébinthes*, sur le chemin de Jérusalem à Rama.

10. *Vallée d'Hébron*, où les fils de Jacob faisaient paître les troupeaux de leur père, lorsqu'ils vendirent Joseph à des marchands madianites.

§ 8.

DÉSERTS.

Par les déserts de Palestine, dont parle la Bible, il faut entendre simplement des lieux plus ou moins arides, peu propres à la culture, et en général dépourvus de forêts. Mais on y rencontrait des pâturages, des arbustes, souvent même des villes et des villages.

1. *Désert de Bethsaïda*, au nord, dans le voisinage des monts de Nephthali.

2. *Désert de Bethaven*, sur la frontière de la tribu d'Éphraïm et de celle de Benjamin.

3. *Désert de Jéricho*, à l'est de Jérusalem. Les rochers escarpés et les ravins profonds qui sillonnaient cette contrée, offraient quelque danger pour les voyageurs qui se rendaient de l'une de ces villes à l'autre : aussi Jésus, dans la parabole du Samaritain, y place-t-il la scène d'un homme dépouillé par des voleurs.

4. *Désert de Judée*, au sud de Jérusalem, longeant la base rocailleuse du flanc oriental des montagnes de Juda, et renfermant plusieurs villes dans le district adjacent. Jean-Baptiste faisait sa retraite dans le désert de Judée, et y attirait la foule à ses prédications.

Les déserts qui suivent peuvent être envisagés comme des parties de celui de Judée.

5. *Désert de Thékoa*, où était la ville de ce nom.

6. *Déserts de Ziph, d'Enguédi* et *de Mahon*, voisins les uns des autres, extrêmement montueux et caverneux : ils servirent tous les trois de retraites à David, poursuivi par Saül.

7. *Désert de Béerséba*, où s'égara la servante d'Abraham, Agar, chassée des tentes patriarcales ; il était situé à l'extrémité méridionale de la Terre-Sainte.

CHAPITRE III.

Lacs, rivières, golfes.

---

§ 9.

LACS.

Trois lacs existent en Palestine :

1. *Lac Mérom*, au nord, entre les montagnes de Nephthali et le mont Hermon. Il a deux lieues de longueur et une de largeur. Formé par la fonte des neiges de l'Antiliban, il contient, en hiver, une eau remplie de poissons, quoique bourbeuse ; pendant l'été, il se dessèche, et n'est plus qu'un marais, où croissent des roseaux et des buissons, que des serpents et autres animaux sauvages prennent pour gîte. Près du lac Mérom, Josué remporta une victoire éclatante sur le roi Jabin, placé à la tête d'une confédération de peuplades cananéennes.

2. *Lac de Génésareth*, ou *mer de Tibériade*, ou *mer de Galilée*, à trois lieues au sud de celui de Mérom. Ses eaux sont limpides et très-poissonneuses ; et ses bords riants et fertiles étaient jadis animés par le voisinage de plusieurs villes, dont on n'aperçoit guère aujourd'hui que les ruines. On lui attribue une longueur de cinq lieues au moins sur deux et demie de largeur. Bien des souvenirs évangéliques se rattachent au lac de Génésareth, sur lequel plus d'une fois Jésus navigua, et dont les rives furent témoins de sa prédication et de ses miracles. C'est là qu'il choisit plusieurs de ses apôtres parmi

de pauvres pêcheurs, qui jetaient ou raccommodaient leurs filets ; c'est là qu'il apaisa d'un geste une de ces tempêtes qui se déclarent souvent sur la mer de Galilée ; c'est là que, du haut d'une barque, il annonça l'Évangile à la multitude rassemblée sur le rivage.

3. *Lac Asphaltite* ou *mer Morte*, appelée dans l'Ancien Testament *mer de Sel, mer de la Plaine, mer Orientale*, et désignée par les Arabes sous le nom de *mer de Loth*. Ce lac, situé dans la partie méridionale de la Terre-Sainte, est long de dix-neuf lieues et large de cinq. Il doit son origine à la catastrophe qui détruisit Sodome, Gomorrhe, Adma et Tséboïm ; et il occupe l'ancien emplacement de ces villes, autrefois la vallée de Tsiddim, contrée d'une grande fertilité, où Loth, neveu d'Abraham, était venu s'établir avec sa famille. — Les eaux de la mer Morte ne manquent pas de limpidité ; mais elles sont remplies de sel et mélangées d'asphalte apporté sur leur surface par les vents, qui le chassent au sortir des fissures de rochers d'où il découle. La tristesse, la dévastation et la mort planent sur cette contrée : aucun poisson, aucun coquillage, aucune plante aquatique ne naissent et ne peuvent vivre dans ce lac ; aucune végétation ne se montre sur ses rives et aux alentours. Le sol est recouvert de couches salées, et un feu souterrain laisse constamment échapper des émanations de soufre et de bitume.

§ 10.

RIVIÈRES.

A l'exception du Jourdain, les rivières que nous allons nommer sont pour la plupart des torrents, dont quelques-uns sont à sec pendant les mois d'été.

1. Le *Jourdain*, formé par le confluent de trois petites rivières, qui sortent de l'Antiliban. Il parcourt, du

nord au midi, la Palestine dans toute son étendue et la divise naturellement en orientale et occidentale. A quelque distance de son origine, il traverse le lac Mérom, et, trois lieues plus loin, celui de Génésareth, après avoir coulé sur un lit rocailleux. Au sortir du lac de Génésareth, le Jourdain reprend un cours d'environ vingt-cinq lieues, forme une multitude de sinuosités, se grossit de quelques affluents, et finit par se précipiter et mourir dans la mer Morte, sans en accroître le volume. Ce phénomène s'explique par une évaporation considérable que favorisent les feux souterrains du lac Asphaltite. L'eau du Jourdain est poissonneuse, jaunâtre et peu fraîche, mais bonne à boire. — Ce fleuve joue un grand rôle dans l'histoire des Israélites, depuis l'époque où Josué et toute la nation, marchant à la conquête de Canaan, le passèrent à pied sec, après les quarante années de pèlerinage au désert, jusqu'aux temps évangéliques, où le précurseur du Messie administrait, dans ses eaux, le baptême à ceux des Juifs qui se repentaient et se convertissaient.

§ 11.

2. L'*Hiéromax*, sortant des montagnes de l'Hauran, pour se jeter dans le Jourdain, à deux lieues au sud du lac de Tibériade. La Bible ne le mentionne pas.

3. Le *Jabbok*, prenant sa source aux montagnes de l'Hauran, et se versant dans le Jourdain à peu près au milieu du cours de ce fleuve. Lorsque Jacob eut quitté Laban et alla à la rencontre de son frère Ésaü, il traversa à gué ce torrent avec sa famille et ses troupeaux.

4. L'*Arnon*, venant des montagnes de l'Arabie déserte et rejoignant la mer Morte; il forme, au sud, la limite de la Palestine orientale.

5. Le *Cédron*, torrent qui coule dans un lit profond entre Jérusalem et la montagne des Oliviers et va se per-

dre dans la mer Morte (§ 7); souvent à sec, il déborde en hiver. David, allant tout en pleurs combattre son fils Absalon, et Jésus se rendant à Gethsémané pour être saisi et mis en croix, franchirent l'un et l'autre le torrent de Cédron, à onze siècles d'intervalle.

§ 12.

Les rivières dont il nous reste à parler ont toutes leur écoulement dans la mer Méditerranée.

6. Le *Belus*, ruisseau de 250 pas, devenu célèbre parce que c'est sur ses bords que l'on attribue aux Phé-niciens l'invention du verre; son trajet a lieu du pied du mont Carmel au golfe de Saint-Jean d'Acre.

7. Le *Kison*, dans la vallée d'Isréel (§ 6); il a sa source au mont Thabor et son embouchure au golfe de Saint-Jean d'Acre.

8. Le *Kana*, sur la limite des tribus de Manassé et d'Éphraïm.

9. Le *Sorek*, qui se jette dans la mer à Ascalon.

10. Le *Bésor*, au delà duquel David poursuivit les Amalécites; son embouchure est près de Gaza.

11. Le *torrent d'Egypte*, ruisseau alimenté par les pluies, desséché en été; il en est souvent parlé dans la Bible, comme formant, du côté de l'ouest, la frontière méridionale de la Terre-Sainte.

§ 13.

GOLFES.

Les deux seuls golfes qui méritent d'être signalés, sur la mer Méditerranée, sont :

1. Le *golfe de Saint-Jean d'Acré*, assez vaste, formé par le promontoire du Carmel.

2. Le *golfe de Jaffa*, peu profond, mais de quelque importance à cause de son port.

CHAPITRE IV.

Aspect, climat, phénomènes.

§ 14.

TEMPÉRATURE.

La Terre-Sainte, malgré son peu d'étendue, offre au coup d'œil un aspect fort varié, en raison des montagnes et des collines distribuées sur son sol, et des nombreux accidents de terrain qui en sont la conséquence.

Il en résulte que la température est bien loin d'être la même dans toutes les localités. On est quelquefois frappé du changement de climat à une distance de quelques lieues. La chaleur est ardente sur les plages de la Méditerranée et dans la vallée du Jourdain, notamment à Jéricho; elle est tempérée dans la plupart des montagnes, surtout dans la Haute-Galilée, et c'est seulement sur le sommet du mont Hermon que l'on ressent l'influence d'une neige éternelle.

Là où les journées sont très-chaudes, les nuits sont fraîches et il tombe une abondante rosée.

§ 15.

SAISONS.

Il n'y a, pour ainsi dire, que deux saisons en Palestine : l'été et l'hiver.

L'été commence vers le milieu d'avril et dure jusqu'en octobre. Pendant les premiers jours, des nuées obscurcissent encore le soleil levant, puis disparaissent.

Sur la fin d'avril le temps s'éclaircit, la chaleur revient, et l'on s'occupe de la moisson des orges. Depuis le mois de mai, qui amène avec lui des tonnerres et de la grêle, jusqu'à la fin de l'été, le ciel est presque constamment sans nuages, la chaleur va croissant et devient insupportable dans quelques lieux bas, où le thermomètre atteint une centaine de degrés. Malgré de fortes rosées, les végétaux languissent, la terre se fend, les torrents se dessèchent. En septembre, on fait la vendange, les nuits se rafraîchissent, les nuées reparaissent, le temps s'obscurcit, jusqu'à ce qu'enfin la pluie se décide pour le mois suivant.

L'hiver commence en octobre et dure jusque vers le milieu d'avril. — Les *pluies de la première saison* se mettent alors à tomber d'une manière régulière et continue pendant plusieurs semaines; en novembre, on saisit le moment favorable pour semer l'orge et le froment; des fleurs s'aperçoivent encore dans la campagne. Arrive la chute des feuilles, la pluie devient de plus en plus forte, gonfle les torrents, produit des orages, se change bientôt en neige (décembre et janvier), et de la glace se forme durant les nuits, qui sont froides; mais, à l'exception des hauteurs, la neige et la glace se fondent pendant la journée. Le mois de février paraît et la séve ranime les végétaux, l'amandier fleurit, les bourgeons se développent. Les *pluies de l'arrière-saison* se déterminent en mars et ne s'arrêtent pas avant le milieu d'avril; on en profite pour quelques semailles d'été. L'année recommence.

La durée du jour, qui varie selon les saisons, offre moins de disproportion que dans nos contrées. Le jour le plus long est de 14 heures 12 minutes : le soleil se montre depuis 5 heures du matin jusqu'à 7 heures du soir. Le jour le plus court est de 9 heures 48 minutes : le soleil ne paraît à l'horizon qu'après 7 heures, et il se couche un peu avant 5 heures.

§ 16.

Ouragans. Ils sont assez fréquents de janvier à mars ; mais ils n'ont guère de conséquences funestes, sauf pour les embarcations.

Volcans. La Palestine n'est pas exposée à des volcans. Il est possible qu'il y en ait eu dans des temps anciens, et que la mer Morte en soit jusqu'à un certain point le résultat, ce que sembleraient indiquer soit la chaleur qui s'en dégage encore, soit les substances qu'on y trouve, telles que le soufre, la cendre, le bitume, etc.

Tremblements de terre. Ils ont, à diverses époques, exercé des ravages plus ou moins considérables en Palestine. L'Ancien Testament en mentionne expressément deux, qui eurent lieu l'un sous le roi Achab, l'autre sous le roi Hosias. Les Évangiles rappellent celui qui se déclara, au moment où Jésus-Christ rendit le dernier soupir. — Plusieurs auteurs font le récit de tremblements de terre arrivés dans les siècles qui suivirent le Sauveur, dans le moyen âge et dans les temps modernes. Et de nos jours, en 1837, la ville de Tibériade et quelques autres localités de la Galilée ont été détruites par un fléau de ce genre.

Samum. C'est le nom qu'on donne à un terrible vent du désert, qui tue en un instant tous les êtres organisés sur lesquels il passe. Il est annoncé par des nuées rougeâtres, qui doivent cette couleur aux masses de sable soulevées dans les airs. Les chameaux, dès qu'ils le sentent venir, se couchent sur le sable, et y plongent leurs naseaux, afin de ne pas respirer ce vent ; c'est aussi le seul moyen de salut pour les voyageurs. Le samum passe un peu au-dessus du sol : après lui, les plantes sont brûlées, les animaux sont décomposés, c'est comme un in-

cendie qui consume tout sur son passage. En 1658, il fit
périr deux mille personnes, et en 1665 quatre mille. —
Il faut remarquer que le samum souffle particulièrement sur les sables de l'Arabie déserte. La Palestine n'en
éprouve qu'un diminutif dans le vent d'est, qui, sans
être meurtrier, est pourtant nuisible à la végétation, dessèche la vigne et d'autres plantes.

CHAPITRE V.

Minéraux, plantes, animaux.

§ 17.

MINÉRAUX.

Les *pierres calcaires*, de la formation du Jura, sont
de beaucoup les plus fréquentes dans les montagnes de
la Terre-Sainte. En divers endroits, on trouve des couches de *grès*, et le *basalte* est commun dans les monts de
l'Hauran.

Le *sel*, le *soufre* et l'*asphalte* ou *bitume*, sont fournis
en abondance par les environs de la mer Morte.

Au nombre des *métaux*, produits par la Palestine, la
Bible cite le *fer* et le *cuivre*. On ignore si les Israélites se
sont livrés à leur exploitation, et des recherches minéra-
logiques en cette contrée n'ont pas encore eu lieu dans
nos temps modernes.

§ 18.

PLANTES.

Le pays de Canaan, ce pays « découlant de lait et de
miel, » selon l'expression de la Bible, est sans cesse re-

présenté par les auteurs sacrés comme d'une étonnante
fertilité. Les productions végétales les plus diverses sont
favorisées par l'extrême variété du climat : les plantes des
tropiques sont à peu de distance de celles qui appar-
tiennent aux contrées septentrionales.

Les villes seules et la nudité des rochers forment un
obstacle à la culture, qui s'étend des plaines aux collines
et jusque sur les montagnes. Souvent le même champ,
qui donne du blé en avril ou mai, est couvert de légumes en automne. Plusieurs arbres fruitiers sont presque continûment chargés en même temps de fleurs et
de fruits.

Çà et là, quelques restes de forêts primitives, les cèdres
du Liban, les chênes du Carmel, les térébinthes et les
cyprès ; dans la plaine du Jourdain, d'excellents pâturages;
autour du lac de Génésareth, des palmiers, des orangers,
des indigotiers ; de toutes parts, le figuier et la vigne pro-
tégeant les habitations contre l'ardeur du soleil, des citron-
niers à l'ombre desquels peuvent dîner les voyageurs, des
mûriers enlacés par de vigoureux ceps ; et encore, des
oliviers, des grenadiers, des amandiers, du blé, de l'orge,
du lin, des légumes, des herbes odoriférantes... Tel est
un aperçu des productions de la terre d'Israël, aujour-
d'hui désolée par les nombreuses vicissitudes qui ont été
son partage, et malgré cela conservant encore des traces
non équivoques de son ancienne fécondité.

Deux cent cinquante noms de plantes figurent dans la
Bible, et il en est sans doute une foule dont elle n'a pas
occasion de parler.

Après ce coup d'œil général, entrons dans quelques
détails sur ceux de ces végétaux qui avaient le plus d'importance pour la Palestine.

§ 19.

1. Le *blé*. Quoique la Palestine soit moins productive

2

en blé que les pays voisins, tels que l'Égypte, la Moabie, la Syrie, c'était cependant l'une des principales cultures parmi les Israélites. Elle prospérait dans presque toutes les parties du pays, notamment sur les plateaux du Carmel et dans les plaines de Bethléem. On semait en octobre, et l'on commençait la moisson à la fin d'avril.

Les épis se mangeaient rôtis, et l'on faisait aussi des gâteaux avec le grain. — Avant de jouir eux-mêmes de la récolte, les Israélites en apportaient les prémices à l'Éternel aux fêtes de Pentecôte.

Après le froment, l'*orge* était la plus répandue des céréales. Elle servait de nourriture aux chevaux, et la classe la plus pauvre de la population se contentait à l'ordinaire de pain d'orge.

Il ne paraît pas que les Israélites se soient adonnés à la culture du seigle et de l'avoine, non plus qu'à celle du riz, qui exige des plaines humides.

§ 20.

2. La *vigne*. Les coteaux du Carmel et du Liban, les rives du lac de Génésareth, les environs d'Hébron, de Sichem, d'Enguédi, les hauteurs et les plaines, en un mot, presque tous les points de la Palestine offraient un sol encore plus favorable à la culture de la vigne qu'à celle du blé.

Les ceps peuvent atteindre jusqu'à deux pieds de diamètre ; ils sont quelquefois très-élevés, et forment, par leurs branches entrelacées, des berceaux de verdure : de là l'expression « s'asseoir sous sa vigne, » pour peindre la paix et la prospérité. De nos jours, le voyageur Schulz rencontra, dans un village près de Saint-Jean d'Acre, un cep de trente pieds de hauteur sur un et demi de diamètre, et dont les branches soutenues figuraient un pavillon de cinquante pieds de longueur et autant de largeur.

On entourait les vignes de haies, de palissades, de
murs et même de tours, pour les protéger contre les
sangliers, très-friands de raisins, et d'autres animaux,
tels que les renards, les chèvres, les lièvres, etc. Il n'était
pas défendu aux passants d'y pénétrer, et on les laissait
se rassasier autant qu'ils le voulaient.

Les raisins sont d'ordinaire rouges et très-gros. Une
seule grappe est suffisante pour le repas de toute une famille ; des voyageurs modernes en ont trouvé qui pesaient
douze livres, et qui avaient des grains de la grosseur de
petites prunes. La fameuse grappe de Canaan, qui fut
apportée par les espions au milieu du camp d'Israël, était
appuyée sur les épaules de deux hommes.

Quoique les raisins mûrissent en juillet, ce n'était
qu'aux mois de septembre et d'octobre que les Israélites
faisaient la vendange, qu'accompagnaient de grandes dé-
monstrations de joie. Les grappes coupées étaient mises
sous des pressoirs, mais le plus souvent foulées avec les
pieds dans des cuves, en sorte que les habits et le corps
des travailleurs se teignaient en rouge.

Une portion de la vendange était réservée pour les
pauvres.

§ 21.

3. L'*olivier*. Il était cultivé dans des terrains secs et
sablonneux, sur des hauteurs, dans des enclos ou jardins ;
on se souvient de la montagne des Oliviers, où le Sauveur aimait à se rendre.

Cet arbre, toujours verdoyant, est susceptible de se
développer beaucoup et d'atteindre un grand âge.

Les oliviers sauvages des environs de Jéricho donnaient
une huile très-fine. On en exportait en Égypte, en Phénicie, etc.

Ce n'est pas sans raison que la Bible représente l'olivier comme l'un des plus précieux produits de la Terre-

Sainte. L'huile y était d'un grand usage. Indépendamment de son emploi dans les sacrifices et les offrandes, on s'en servait : 1° pour assaisonner les aliments et les pâtisseries, en place de beurre et de graisse ; 2° pour s'oindre les cheveux et d'autres parties du corps ; 3° pour entretenir la lampe ; 4° comme remède à l'extérieur (onctions, bains, etc.).

§ 21.

4. Le *figuier*. Il parvient, en Palestine, à une taille inconnue dans nos climats ; ses branches fournissent une ombre touffue et agréable : de là, l'on disait, comme pour la vigne, « s'asseoir sous son figuier. » Les fleurs sont cachées dans une enveloppe charnue, et le fruit mûrit avant même que les feuilles paraissent.

Dans l'année, il se fait trois récoltes de figues, et c'est là un mets très-usité : 1° les figues du printemps, qui mûrissent à la fin de juin, tombent d'elles-mêmes et sont les meilleures ; 2° les figues d'été, que l'on recueille en août, et que l'on a coutume de sécher pour les conserver et pour en faire des envois ; 3° les figues d'hiver, qui deviennent mûres après la chute des feuilles, et qui, si la saison est douce, restent pendues à l'arbre jusqu'au printemps.

§ 22.

5. Le *sycomore* ou *figuier sauvage*. Originaire d'Égypte, il croît dans les plaines et les lieux bas. Il ressemble au mûrier blanc par ses feuilles et par son apparence extérieure. C'est un arbre superbe, très-touffu, et dont les branches, toujours vertes, s'étendent horizontalement fort au loin : des caravanes de voyageurs peuvent s'ombrager sous un seul sycomore, au nombre de trente personnes avec leurs chevaux. Le sycomore est encore

aujourd'hui un lieu de rendez-vous qui plaît aux Orientaux; ils y grimpent, comme autrefois le publicain Zachée, pour voir passer le Sauveur, et là, ils s'établissent entre les rameaux pour fumer leur pipe et faire la conversation.

Les fruits (figues sauvages), fades et peu agréables, sont mangés par le peuple; à mesure qu'on les cueille, ils sont remplacés par d'autres, et l'arbre porte jusqu'à sept fois dans l'année.

Le bois du sycomore est léger, mais d'une grande durée. Les Israélites en faisaient usage dans les constructions, et les Égyptiens l'employaient pour les cercueils de leurs momies.

§ 24.

6. Le *palmier*. Il était jadis très-commun en Palestine, puisqu'il a servi de symbole à l'antique Judée; aujourd'hui, il en a presque entièrement disparu.

C'était l'usage de porter des branches de palmier dans les marches triomphales, à la fête des Tabernacles, etc.

§ 25.

7. Les *arbres résineux*. C'étaient des arbustes hauts de sept à huit pieds, toujours verts, et desquels découlait un baume, célèbre dans la Terre-Sainte, et source de grands revenus à cause des exportations qu'on en faisait. Le baume de Jéricho et celui de Galaad étaient particulièrement renommés.

Ces arbustes suintaient en juin, juillet et août; on faisait des incisions dans l'écorce, le baume tombait gouttes par gouttes, blanches et transparentes d'abord, puis devenant rouges et épaisses.

§ 26.

ANIMAUX.

1° ANIMAUX DOMESTIQUES. De nombreux troupeaux couvraient, sur les plaines et sur les coteaux, les excellents pâturages de la Palestine; ils répandaient la vie et l'abondance dans le pays. Le bœuf, l'âne et le chameau doivent figurer en tête.

Le *bœuf* est un animal dont Abraham et les anciens patriarches avaient déjà des troupeaux. Il était plus petit, et il avait des cornes plus courtes que celui de nos contrées; toutefois, les puissants taureaux de Basan étaient passés en proverbe, pour peindre la méchanceté, fruit de la prospérité et de l'orgueil. — L'emploi des bœufs était considérable : ils servaient aux sacrifices, à la nourriture et aux travaux agricoles. Des milliers, chaque année, étaient immolés à l'autel. Pendant leur vie, ils traînaient la charrue, foulaient le grain, portaient des fardeaux : on les piquait avec un aiguillon. — La loi de Moïse les avait pris sous sa protection : défense était faite de les emmuseler pour les empêcher de manger du grain qu'ils foulaient; celui qui rencontrait un bœuf égaré devait le ramener à son propriétaire; celui qui avait volé, vendu ou tué un bœuf, devait en rendre cinq.

L'*âne* était d'un fréquent usage et en grande estime non-seulement dans la Terre-Sainte, mais dans tout l'Orient. Sa haute taille, sa force, son courage, sa vivacité, le rendent très-supérieur à l'animal que nous connaissons sous ce nom. — Il tirait la charrue et portait des fardeaux; mais surtout, il servait de monture habituelle aux voyageurs, aux dames, même aux grands seigneurs et aux rois. Jésus fit son entrée triomphale à Jérusalem, monté sur un ânon. Un passage d'Esaïe nous apprend que Cyrus, roi de Perse, avait une cavalerie montée sur des ânes. — Ceux qui avaient des raies blanches étaient les plus recherchés, mais ils étaient en général de couleur fauve ; une couverture ou un vêtement remplaçait la selle. Ils n'étaient employés ni aux sacrifices, ni à la nourriture.

Le *chameau*, très-précieux pour le transport des marchandises, à cause de sa force et de la faculté qu'il a de rester quinze jours sans boire, figurait anciennement parmi les troupeaux des patriarches et fut toujours apprécié des Israélites, quoique moins répandu dans leur pays qu'en Arabie. On l'utilisait pour l'exportation des blés, des fruits secs, du baume de Galaad, pour le bagage des armées, pour la monture des dames ; il a un pas sûr dans les endroits montagneux. Sa chair, interdite aux Hébreux, était fort goûtée des Arabes ; le lait de la femelle est excellent.

A ces trois animaux, dignes d'occuper le premier rang parmi les animaux domestiques, il faut ajouter les *brebis*, les *chèvres*, les *béliers* à longue queue, les *abeilles*, etc., qui tous procuraient de nombreux avantages aux habitants de la Palestine. — Comme il n'était pas permis de manger du *porc*, cet animal n'y était guère élevé. Les *chats* domestiques ne sont nulle part mentionnés dans la Bible.

§ 27.

2° ANIMAUX SAUVAGES. Réfugiés dans les restes de forêts ou parcourant la campagne, ils offrent une assez grande variété.

Le Liban et l'Antiliban renferment des *lions*, des *ours*, des *sangliers*, des *tigres*, des *panthères* et des *hyènes*, qui s'avancent jusqu'au Jourdain pour boire et pour fondre sur leur proie. Les lions, autrefois très-nombreux, habitaient aussi dans les forêts de Basan et sur divers autres points ; Samson, David, combattirent contre des lions : on n'en rencontre plus maintenant. Les ours étaient aussi plus fréquents que de nos jours; David en tua un ; et nous lisons dans la Bible que, des petits garçons de la ville de Béthel s'étant mis à courir après le prophète Élisée pour se moquer de lui, deux ours sortirent de la forêt et déchirèrent quarante-deux de ces enfants.

Outre ces grands animaux féroces, le *loup*, le *chacal*, le *renard* se mettent en campagne la nuit pour se désaltérer aux torrents et pour chercher leur nourriture jusque dans les champs, les vignes et tout près des habitations. Les chacals tiennent du loup et du renard ; ils vivent par troupes aux environs des villes, dont ils mangent les charognes ; ils sont craintifs, hurlent et prennent la fuite, dès qu'ils aperçoivent des hommes ; on en trouve encore beaucoup près de Gaza et de Jaffa.

Les *vautours*, très-communs, se précipitent sur les cadavres d'animaux. Les *serpents* ne doivent pas non plus être passés sous silence. Enfin, des troupes de *chiens* sauvages et féroces errent dans les villes, qu'ils nettoient des cadavres et des ordures en faisant entendre des hurlements terribles. Les chiens domestiques étaient rares parmi les Israélites ; objets de leur mépris, ils n'étaient employés que pour la garde des troupeaux et des maisons.

§ **28.**

Les *sauterelles*, que nous classons de préférence parmi les animaux sauvages, sont extrêmement redoutables et constituent l'un des plus grands fléaux du pays. — Elles ont, en petit, à peu près la forme d'un cheval, avec des ailes vertes ou jaunes, et atteignent cinq pouces de longueur; il y en a plusieurs espèces. — Au printemps, elles sortent de leurs œufs, déposés dans la terre. Poussées par le vent, elles forment des bandes ou armées de

cinq à six lieues de longueur sur deux à trois de largeur.
Dans leur course, elles obscurcissent le soleil, font entendre un bruit épouvantable, et finissent par s'abattre
sur la campagne. Il est impossible de s'opposer à leurs
ravages; elles couvrent le sol, les unes sur les autres, à
plusieurs pieds de hauteur, et, en peu de temps, avec
leurs dents aiguës, elles dévorent tout, herbe, feuilles,
raisins, écorce des arbres, racines, etc. Quand elles se
lèvent, la terre est blanche, nue, et la campagne désolée.
Elles ne trouvent la mort qu'à la rencontre de certains
oiseaux et dans les flots de la mer, où le vent les préci-
pite; bientôt après, elles couvrent le rivage de leurs cadavres et empestent l'air. — Les sauterelles forment une
nourriture abondante et agréable. Jean-Baptiste, dans le
désert de Judée, usait de cet aliment, et, encore aujour-
d'hui, les Orientaux les mangent rôties ou cuites dans de
l'eau avec du sel.

CHAPITRE VI.

Villes et lieux remarquables.

§ 29.

Comme il est nécessaire de suivre un certain ordre
dans l'indication des villes et lieux remarquables de la
Terre-Sainte, en se conformant à l'une des divisions
mentionnées § 3, nous choisirons celle en provinces, en
vigueur au temps de Jésus-Christ. Cette marche nous
permettra d'être plus complet; car un grand nombre
d'endroits, célèbres à l'époque du Sauveur, n'existaient
pas dans un âge antérieur.

Les quatre provinces de la Palestine, avons-nous dit
(§ 3), étaient : la Galilée, la Samarie, la Judée et la
Pérée.

§ 30.

I. PROVINCE DE GALILÉE.

La GALILÉE occupait la partie septentrionale de la Terre-
Sainte, sur l'emplacement des anciennes tribus de Nephthali, Asser, Zabulon et Issachar. Elle touchait, vers le
sud, au Carmel et embrassait les monts de Nephthali, le
Thabor, la plaine d'Esdrélon, etc.

Un district de cette province était depuis longtemps
connu sous le nom de *Galilée des Gentils*. Du reste, les
païens étaient encore très-mélangés aux Israélites dans la
Galilée entière, telle qu'elle existait à l'époque du Sauveur. Aussi les Galiléens étaient-ils généralement mépri-
sés des habitants de la Judée, qui ne regardaient ni leur
sang ni leur doctrine comme assez purs, et qui se mo-
quaient de leur dialecte corrompu et de leur mauvaise
prononciation.

Cette province fertile avait une nombreuse population.
L'historien juif Josèphe lui attribue 400 villes ou villages,
parmi lesquels nous indiquerons, en allant du nord au
sud, ceux qu'il est le plus essentiel de connaître.

§ 31.

1. *Dan*, près des sources du Jourdain, la ville la plus
septentrionale de toute la Palestine ; conquise par la tribu
de Dan, qui lui imposa son nom, elle s'appelait aupara-
ravant *Laïsch*. C'est l'une des deux villes où Jéroboam,
premier roi d'Israël, établit pour ses sujets le culte des
veaux d'or, afin qu'ils n'allassent point adorer à Jérusalem.

2. *Kedesch*, non loin du territoire de Tyr, dans la

tribu de Nephthali. Jadis siége d'un petit roi cananéen, elle devint, après la conquête, l'une des quarante-huit villes assignées aux lévites, et l'une des six villes de refuge pour les meurtriers.

3. *Kinnereth*, dans la tribu de Nephthali, probablement près de l'endroit où le Jourdain verse ses eaux dans le lac de Génésareth, qui tire son nom de cette ville, dont la Bible ne parle plus depuis le temps des Rois.

§ 32.

4. *Capernaum*, aux bords du lac de Génésareth, sur la route de Damas à la Méditerranée ; ville florissante et commerciale à l'époque du Sauveur, qui y séjourna fréquemment, y fit de nombreux miracles, et enseigna dans sa synagogue. Elle ne paraît pas avoir existé avant la captivité ; ses ruines ont traversé les siècles jusqu'à nos temps modernes.

5. *Bethsaïda* (maison de pêche), sur le lac, à quelque distance au sud de Capernaum ; ville des temps évangéliques, patrie des apôtres Pierre, André et Philippe.

6. *Chorazin*, dans le voisinage de Capernaum, témoin aussi des prédications et des miracles de Jésus, et associée à Bethsaïda et à Capernaum dans sa sentence contre les villes impénitentes.

7. TIBÉRIADE, située dans une belle plaine sur les bords du lac, capitale de la Galilée. Bâtie en l'honneur de Tibère, par le tétrarque Hérode Antipas, elle était en grande partie peuplée d'habitants païens. La pêche et les transports par eau formaient sa principale industrie. — Après la destruction de Jérusalem, on vit des docteurs et des savants se retirer à Tibériade, où ils fondèrent une académie juive, célèbre pendant plusieurs siècles. — Sous l'empereur Constantin, les chrétiens avaient une église dans cette ville, qui subsista longtemps. La ville

moderne a été détruite par un tremblement de terre (voy. § 16), le 1ᵉʳ janvier 1837. — Près de Tibériade, eaux thermales, fréquentées encore aujourd'hui.

8. *Magdala*, peu distant du lac, lieu de naissance de Marie-Madelaine; village.

§ 22.

9. *Sephoris*, dont il n'est pas parlé dans la Bible. Nous la mentionnons parce qu'elle était, avant Tibériade, la capitale de la Galilée, et qu'elle le redevint sous Hérode Agrippa II. Détruite par les Romains, au quatrième siècle.

10. *Cana*, à deux lieues S.-E. de Sephoris. Jésus y assista à des noces, où il changea l'eau en vin : ce fut son premier miracle. On trouve encore un village du même nom.

11. *Nazareth*, à une lieue et demie au sud de Cana, petite ville de peu d'importance, bâtie sur une colline. C'est là que demeuraient Joseph et Marie, et Jésus resta auprès d'eux depuis son enfance jusqu'au commencement de son ministère. Elle a joué un certain rôle à l'époque des croisades, et a toujours compté beaucoup de chrétiens parmi ses habitants. Plus ou moins réduite en ruines sous la domination musulmane, elle s'est peu à peu relevée, et offre maintenant une ville agréable, appelée *Nasra*.

12. *Endor*, au sud du Thabor, dans la plaine d'Esdrélon. Une pythonisse de ce lieu fut consultée par le roi Saül. Ruines.

13. *Naïn*, près d'Endor, petite ville aux portes de laquelle Jésus rendit à une veuve son fils unique, dont il rencontra le convoi funèbre. Aujourd'hui, misérable village.

14. *Aphek*, dans la tribu d'Issachar; non loin de là,

Saül et Jonathan perdirent la vie dans un combat contre les Philistins. Passée sous silence dans les Évangiles.

15. *Sunem*, dans la tribu d'Issachar, entre le Thabor et le Carmel ; en cet endroit, le prophète Élisée ressuscita le fils d'une veuve qui lui avait donné l'hospitalité. Il n'est point parlé de cette ville dans le Nouveau Testament.

16. *Acco*, port sur la Méditerranée, au nord du Carmel. Quoique assignée à la tribu d'Asser, elle resta au pouvoir des Phéniciens ; puis elle passa sous la domination des Ptolémées, qui l'appelèrent *Ptolémaïs ;* ensuite, sous celle des Grecs, des Romains, etc. Après la captivité de Babylone, il y eut une colonie juive. Cette ville soutint plusieurs siéges, notamment lors des croisades et de l'expédition de Napoléon en Égypte. Le nom moderne de *Saint-Jean-d'Acre* lui est venu des chevaliers de l'ordre de Saint-Jean, qui y fixèrent leur résidence en 1192. C'est aujourd'hui une ville nouvelle, peuplée d'environ 15,000 habitants, qui font le commerce de blé et de coton.

§ 34.

II. PROVINCE DE SAMARIE.

La SAMARIE, la plus petite des quatre provinces, était située au centre de la Terre-Sainte, sur l'emplacement de l'ancienne tribu d'Éphraïm et de la demi-tribu de Manassé. Traversée du nord au sud par les montagnes d'Éphraïm, elle était embellie par la plaine du Jourdain, et renfermait une partie de celle d'Esdrélon. Riche végétation, même dans les endroits montagneux.

Il y avait une haine réciproque entre les habitants de la Samarie et ceux de la Judée. Cette haine prenait sa source dans l'origine à moitié païenne des Samaritains, qui étaient un mélange de restes israélites échappés à la

destruction du royaume par Salmanasar, et d'une colonie
assyrienne envoyée par le petit-fils de ce monarque pour
repeupler cette contrée désolée.

§ 35.

1. SAMARIE, capitale de la province, et plus anciennement du royaume d'Israël. Bâtie sur une hauteur par
le roi Homri, qui acheta de Semer, pour deux talents,
la montagne de Samarie, elle fut détruite par Salmanasar, roi des Assyriens, lors de la ruine des dix tribus,
l'an 722 avant Jésus-Christ. Reconstruite après la captivité de Babylone, elle subit encore diverses vicissitudes,
et florissait sous Hérode, qui y fit bâtir un temple en
l'honneur de l'empereur Auguste, et changea le nom de
Samarie en celui de *Sébaste*. — Aujourd'hui, ruines.

2. *Isréel* ou *Esdrélon*, dans la plaine de même nom,
au nord de Samarie, ville importante du temps des rois
d'Israël : Achab y avait un palais, des fenêtres duquel
fut précipitée dans la rue sa femme Jésabel, d'après
l'ordre de Jéhu. Esdrélon paraît avoir été détruite avant
l'époque du Sauveur.

3. *Sichem*, au sud de Samarie, entre le mont Ebal et
le mont Garizim. Elle figure déjà dans l'histoire de Jacob ; dès lors, on y transporta les restes de son fils Joseph ; et, après la conquête de Canaan, ce fut l'une des
villes lévitiques. Dans l'Évangile elle est appelée *Sichar*,
et c'est dans ses environs, auprès du puits de Jacob,
qu'eut lieu l'entretien de Jésus avec la femme samaritaine. A la place de l'antique Sichem, nommée *Neapolis*
sous la domination romaine, on trouve maintenant la
ville de *Naplouse*, industrielle et commerçante, au sein
de laquelle habitent encore quelques familles attachées au
culte samaritain.

4. *Salim*, vers le Jourdain ; près de là, dans un lieu

appelé *Enon*, Jean-Baptiste administrait le baptême de repentance.

5. *Silo*, au S.-E. de Sichem ; Josué y fit placer le tabernacle. Il n'en reste ancune trace.

6. *Antipatris*, ville qui date d'Hérode le Grand, et qu'il nomma ainsi de son père Antipater.

7. *Césarée*, port de mer, résidence du gouverneur romain, après la catastrophe de Jérusalem. Là vivait le centenier Corneille, le premier païen qui ait embrassé le christianisme ; là aussi l'apôtre Paul fut retenu prisonnier deux ans. Sur l'emplacement de cette ville, jadis importante, sont semées des ruines et éparses quelques cabanes de pêcheurs,

§ 86.

III. PROVINCE DE JUDÉE.

La Judée, formant la partie méridionale de la Terre-Sainte, sur l'emplacement des anciennes tribus de Juda, Benjamin, Dan et Siméon, s'étendait des limites de la Samarie jusqu'aux déserts de l'Idumée. Du côté de la Méditerranée, elle fut longtemps gênée par le territoire des Philistins, qui finit par lui être incorporé.

Cette province, coupée par les montagnes de Juda, offrait bien des parties nues et stériles ; mais, quoique moins fertile que la Galilée et la Samarie, elle ne manquait ni de bons pâturages, ni de champs de blé, ni de vignobles et de fruits.

Nous indiquerons d'abord les villes de la Judée orientale, puis celle de la Judée occidentale.

§ 87.

1. Jérusalem, capitale de tout le pays d'Israël, sous David et Salomon, puis du royaume de Juda, après le

schisme, et enfin de la Palestine, aux temps évangéliques.

L'origine de cette ville, qui a tant influé sur les destinées du monde, et à laquelle se rattachent tant de précieux souvenirs, paraît remonter jusqu'à l'époque du patriarche Abraham : c'était alors, à ce que l'on croit, l'ancienne *Salem*, dont Melchisédec fut le roi. Au moment de la conquête de Canaan, elle s'appelait *Jébus*, à cause des Jébusiens qui habitaient la contrée; elle échut en partage à la tribu de Benjamin. On ignore quand elle commença à recevoir le nom de *Jérusalem*. Celui de *Sion* lui est souvent donné dans la Bible. — Les Arabes et les Turcs se servent, pour la désigner, de l'expression *el Kods* (la sainte).

Située dans l'endroit le plus élevé des montagnes de la Judée, Jérusalem était primitivement assise sur trois collines : celle de *Sion*, la plus haute, forteresse dont les Jébusiens restèrent maîtres jusqu'à David, et où fut bâtie la cité de David; celle de *Morija*, où Abraham s'était montré prêt à sacrifier son fils Isaac, et où Salomon construisit un temple à l'Éternel; celle d'*Acra*, siége du palais de David.

Entre ces collines il existait trois vallées profondes ou ravins. C'étaient : la *vallée de Josaphat*, où coule le Cédron ; la *vallée des fils de Hinnom* ou *Géhenne*, sans ruisseau, lieu d'immondices ; la *vallée de Siloé*, du nom de la source qui la parcourt.

Au delà, la ville était enveloppée par le *mont Calvaire*, où fut dressée la croix qui devait sauver les hommes ; par le *mont des Oliviers*, lieu de retraite et de prière du Christ ; par le *jardin de Gethsémané*, témoin des angoisses et de l'arrestation du Fils de Dieu ; par le *mont du Mauvais-Conseil*, ayant à son pied le *champ du Sang*, acheté au moyen des trente pièces d'argent qui servirent de prix à la trahison de Juda.

Avant la catastrophe fatale, qui fit de Jérusalem un monceau de ruines, l'an 588 avant J.-C., lorsque Nébucadnetzar, roi de Babylone, la détruisit et emmena ses habitants en captivité, cette ville avait déjà souffert plusieurs siéges, avait été prise et saccagée, à diverses reprises, par les ennemis d'Israël. — Reconstruite avec son temple, au retour de l'exil, d'après la permission de Cyrus, elle subit de nouveaux malheurs sous les rois d'Égypte et de Syrie, jusqu'à la deuxième grande catastrophe, qui l'anéantit complétement, l'an 70 après J.-C. Les armées romaines, commandées par Titus, mirent tout à feu et à sang, au bout des horreurs d'un siége qui coûta la vie à onze cent mille personnes. Elle était alors environnée de trois murailles, de tours, et avait douze portes; elle se divisait en *ville haute* sur Sion, en *ville basse* sur Acra et Morija, et en *ville neuve* sur une petite colline assez distante du reste. — A la place où avait été Jérusalem, l'empereur Ælius Adrien fit bâtir une nouvelle ville, qu'il appela *Ælia Capitolina*, et qui ne tarda pas à reprendre l'ancien nom de Jérusalem : l'entrée en fut interdite aux Juifs sous peine de mort. Au septième siècle, elle tomba entre les mains des Arabes. Godefroi de Bouillon s'en empara en 1099, lors de la première croisade ; mais le sultan Saladin la conquit en 1187, et mit fin à la courte dynastie des rois chrétiens de Jérusalem. Le vice-roi d'Égypte en devint maître l'an 1832. Actuellement elle est rentrée sous la domination de la Porte-Ottomane.

De nos jours, Jérusalem est une ville assez chétive, ayant une lieue de circonférence et possédant environ 20,000 habitants de tous pays et de toute religion. Après tant de désastres, qui ont amené des mouvements de terrain, il est presque impossible de reconnaître la plupart des anciennes localités. Parmi les monuments de quelque importance, le voyageur visite l'*église du Saint-*

Sépulcre (sur Acra), où la tradition place à tort le tombeau de J.-C., et la grande *mosquée d'Omar*, bâtie sur Morija. Les Protestants ont, depuis quelques années, un évêque à Jérusalem, dans la personne de Samuel Gobat, ancien missionnaire en Abyssinie.

§ 88.

2. *Béthanie*, bourg sur le mont des Oliviers, à demi-heure de Jérusalem. Là, demeuraient Lazare, Marthe et Marie, ses sœurs; Jésus se rendait souvent dans leur maison, et il y opéra le miracle de la résurrection de Lazare. C'est encore à Béthanie que le Sauveur conduisit ses disciples, lors de son ascension dans les cieux. Aujourd'hui, pauvre village, peuplé de quelques familles arabes.

3. *Bethphagé*, bourg sur le mont des Oliviers, tout près de Béthanie. Quand J.-C. fit sa dernière entrée à Jérusalem, c'est à Bethphagé qu'il envoya ses disciples chercher un ânon. Ce village n'existe plus.

4. *Jéricho*, au N.-E. de Jérusalem, et à deux lieues du Jourdain, séparée de la capitale par six lieues de déserts et de rochers, encore repaire de brigands comme au temps du Sauveur, qui place sur la route de Jérusalem à Jéricho la scène de la parabole du Samaritain secourant un Juif tombé entre les mains des voleurs. La ville elle-même, appartenant à la tribu de Benjamin, était agréablement située dans une plaine, qui était ceinte de monts en forme d'amphithéâtre, et dont l'extrême fertilité faisait de ce séjour un vrai paradis; on y trouvait en abondance des palmiers, du baume célèbre, du miel, etc. Jéricho est la première ville qui fut prise par Josué, à la faveur d'un miracle, quand les Israélites entrèrent en Canaan. Jésus, passant par cette ville, alla loger dans la maison du publicain Zachée. Plusieurs fois saccagée, re-

construite et fortifiée, Jéricho n'offre plus aux regards qu'un misérable village, qui date des temps modernes.

§ 39.

5. *Béthel*, tout à fait au nord, dans la tribu de Benjamin et les montagnes d'Éphraïm, autrefois *Luz*, conquise par une ruse des Éphraïmites, qui s'introduisirent dans la ville au moyen d'un espion. Du temps des patriarches, Abraham y construisit un autel à l'Éternel. Jacob y eut sa vision d'une échelle et y lutta avec un ange. Après le schisme, elle appartint au royaume d'Israël, dont elle fut la dernière ville au sud ; Jéroboam y établit le culte des veaux d'or : c'est pourquoi les prophètes en parlent avec horreur. Depuis les Romains, l'histoire n'en fait plus mention.

6. *Ajalon*, au S.-O. de Béthel, dans la tribu de Dan, ville lévitique.

7. *Gabaon*, au sud d'Ajalon, ville lévitique, où était le tabernacle dans les années qui précédèrent la construction du temple de Jérusalem. Un stratagème sauva la vie aux Gabaonites, lorsque Josué fit la conquête de leur ville.

8. *Emmaüs*, bourg à deux lieues N.-O. de Jérusalem. Après sa résurrection, Jésus y apparut à deux de ses disciples. N'existe plus.

9. *Rama* (tribu de Benjamin), dans le voisinage de Gabaon, sur le chemin de Béthel : près de là fut ensevelie Rachel. — Autre *Rama* (tribu de Juda), au S.-O. de Jérusalem, où le prophète Samuel naquit, établit sa résidence et reçut la sépulture. Cette ville, pense-t-on, est la même qu'*Arimathée*, d'où était ce Joseph qui mit le corps du Christ crucifié dans un sépulcre neuf.

§ 40.

10. *Bethléem*, à deux lieues au midi de Jérusalem,

'une des plus petites villes de la Judée, à jamais célèbre comme lieu de naissance de notre Sauveur J.-C.; le roi David y reçut aussi le jour. Elle est située sur un rocher, dans une contrée très-fertile : c'est dans les champs de Bethléem, que Ruth alla glaner de l'orge pour la nourriture de sa belle-mère ; c'est dans les pâturages de Bethléem que des bergers apprirent les premiers qu'un Sauveur leur était né. On a bâti une église sur une grotte, que l'on montre encore, et où l'on suppose que fut la crèche dans laquelle Marie déposa l'enfant Jésus. Dans les temps anciens, Bethléem se nommait *Ephrat* ou *Ephrata;* elle fut toujours de peu d'importance par son étendue : aujourd'hui, c'est un grand et beau village, peuplé de chrétiens et d'Arabes.

11. *Thékoa*, au sud de Bethléem, patrie du berger Amos, qui devint prophète.

12. *Hébron*, primitivement appelée *Kirjath-Arba*, à cinq lieues sud de Bethléem, dans la vallée de Mamré, abondante en pâturages. C'est parmi les chênes de Mamré qu'Abraham s'était établi lorsqu'il donna l'hospitalité à des anges qui lui prédirent la naissance d'un fils, et lui annoncèrent la destruction prochaine de Sodome et de Gomorrhe. Hébron fut pendant quelque temps la résidence de David. Elle fut pillée et brûlée par les Romains, dans la dernière guerre contre les Juifs. Relevée de ses cendres, elle offre maintenant le spectacle d'une ville riante, au pied d'une hauteur, sur laquelle on aperçoit des ruines ; ses habitants sont adonnés au commerce. Dans le voisinage, se trouvent la caverne et le champ de *Macpéla*, achetés des Héthiens par Abraham pour la sépulture de Sara, et où furent aussi ensevelis ce patriarche, son fils Isaac, Jacob, etc.

13. *Béerséba*, la ville la plus méridionale de la Judée et de toute la Terre-Sainte.

§ 41.

13. *Lydde*, la première des villes de la Judée occidentale, vers le nord de la province ; elle avait d'abord appartenu à la Samarie, et fait partie de la tribu d'Ephraïm. L'apôtre Pierre y guérit miraculeusement le paralytique Énée. Un chétif village subsiste sur les ruines de Lydde, nommée aussi par les païens *Diospolis*.

14. *Joppé*, ancienne ville des Philistins, sur la Méditerranée. Les Macchabées la conquirent sur les Syriens, et la fortifièrent. Au temps des apôtres, Pierre y ressuscita la femme Tabitha, et eut cette vision qui lui ordonnait d'annoncer l'Évangile aux païens. L'empereur Vespasien la fit raser, et construisit une citadelle pour y placer une garnison romaine. Sur l'emplacement de Joppé, on trouve aujourd'hui la ville de *Jaffa*, devenue célèbre par l'expédition de Napoléon ; l'armée française s'en empara en 1799 ; on y compte 7,000 habitants.

15. *Gath*, patrie du géant Goliath terrassé par David, qui plus tard en fit la conquête sur les Philistins. Elle n'existait plus à l'époque de J.-C.

16. *Asdod* ou *Azot*, autre ville des Philistins, qui, ayant été prise par Salomon, fut quelque temps au pouvoir des Israélites. Brûlée du temps des Macchabées.

17. *Ascalon*, port de mer ; les Juifs ne purent l'arracher aux Philistins que sous les Macchabées. Sémiramis et Hérode le Grand naquirent dans cette ville. Elle souffrit beaucoup lors des croisades, jusqu'à sa destruction à la fin du douzième siècle. Ses ruines sont encore debout.

18. *Gaza*, conquise par la tribu de Juda, puis reprise par les Philistins. Là, Samson ébranla les colonnes d'un temple consacré au faux dieu Dagon, et périt, par la chute de l'édifice, avec les Philistins qui y étaient rassemblés. C'est sur le chemin de Jérusalem à Gaza que

l'apôtre Paul se convertit au Sauveur. Dans la suite des siècles, assiégée, détruite et restaurée, cette ville fut de tout temps envisagée comme importante par sa position; toutefois, elle a beaucoup déchu, elle n'est plus fortifiée, et elle ne renferme guère qu'une population de 2,000 âmes.

§ 42.

IV. PROVINCE DE PÉRÉE.

Nous comprenons sous le nom de PÉRÉE tout le territoire situé à l'est du Jourdain, et qui se subdivisait en plusieurs petites provinces (ainsi que nous l'avons dit § 3). Cette contrée fut donnée en partage à la tribu de Ruben, à celle de Gad et à la demi-tribu de Manassé.

L'Hiéromax, le Jabbok et l'Arnon, qui coulent dans de profonds ravins, amènent une séparation naturelle du pays en plusieurs plateaux. Certaines parties sont montagneuses, nues, désertes; d'autres sont fertiles, et permettent la culture du palmier, de la vigne et de l'olivier.

Mentionnons les principaux lieux, en allant du nord au midi.

§ 43.

1. *Césarée de Philippe*, au pied du Liban, vers les sources du Jourdain; auparavant *Panacas*, embellie et agrandie par le tétrarque Philippe, d'où lui est venu le nom de Césarée de Philippe. C'est en parcourant son territoire que Jésus fit à ses disciples cette question : « Qui dit-on que je suis? » Aujourd'hui *Banias*, village en grande partie musulman.

2. *Bethsaïda-Julias*, près de l'embouchure du Jourdain dans le lac de Génésareth. Non loin de là, eut lieu

le miracle de la multiplication des pains. Il ne faut pas confondre cette ville avec Bethsaïda en Galilée (§ 32).

3. *Gadara*, à quelque distance de l'Hiéromax. Jésus opéra dans cette contrée la délivrance d'un démoniaque. Ruines.

4. *Pella*, petite ville, où se réfugièrent les chrétiens quand Jérusalem fut investie par les armées romaines.

5. *Succoth*, sur le Jabbok, où Jacob s'arrêta après avoir fait la paix avec son frère Ésaü et avant d'aller à Sichem.

6. *Bethabara*, où Jean baptisait, connue aussi sous le nom de *Béthanie*, qu'il ne faut pas confondre avec le bourg du mont des Oliviers.

CHAPITRE VII.

Principales époques historiques.

§ 44.

Première époque.

LE PAYS DE CANAAN AVANT LA CONQUÊTE.

Les anciens habitants de la Terre-Sainte étaient les peuples cananéens, descendus des onze fils de Canaan, fils de Cham, savoir : les *Sidoniens*, les *Harkiens*, les *Siniens*, les *Arvadiens*, les *Zémariens*, les *Hamathiens*, qui étaient établis au nord sur le territoire de la Phénicie et de la Syrie; les *Héthiens*, les *Jébusiens*, les *Amorrhéens*, les *Guirgasiens* et les *Héviens*, qui étaient établis sur le territoire même de la Palestine. Deux autres peuplades sont encore mentionnées dans la Bible : les *Cananéens* proprement dits et les *Phérésiens*. Ajoutons, enfin, les *Philistins*, qui occupaient une partie de la côte sur la Méditerranée.

Ces peuples formaient un grand nombre de tribus ou petites principautés, ayant à leur tête des chefs appelés rois. Ils étaient redoutables, vaillants, familiarisés avec les habitudes guerrières, et ils avaient des villes et des positions fortifiées pour se défendre. Quelques-uns, d'une taille gigantesque, appartenaient à des races particulières, dont les principales étaient les *Réphaïm* et les *Anakim*.

Quoique, à certains égards sauvages, ils n'étaient pas étrangers à une sorte de civilisation. Ils s'adonnaient au commerce, à l'industrie, à divers arts et métiers, et ne négligeaient pas complétement l'agriculture.

Les astres et les éléments étaient les objets de leur idolâtrie. Ils adoraient particulièrement *Bahal*, *Astarté* et *Moloch* ; le premier était le souverain des dieux, figurant le soleil ; la seconde représentait la lune, et le troisième exigeait des sacrifices humains. L'art prétendu de la divination et la magie entraient à un haut degré dans les croyances superstitieuses de ces nations.

Les mœurs des Cananéens étaient abominables, mélangées aux crimes et aux vices les plus honteux, et, pour comble d'horreur, elles s'associaient à leur culte : Moloch était honoré par le meurtre des enfants, et Astarté l'était par des débauches effrénées.

Les Cananéens devaient être exterminés par les Israélites. Ils le furent en partie sous Josué, successeur de Moïse. Parmi ceux qui survécurent, les uns émigrèrent, même jusqu'en Afrique ; les autres demeurèrent maîtres de certaines localités, jusqu'au temps de David et de Salomon ; ils furent toujours dangereux pour les Hébreux, qui se laissèrent aller à épouser de leurs femmes, et à imiter leur idolâtrie.

§ 45.

Deuxième époque.

LA TERRE-SAINTE POSSÉDÉE PAR LES ISRAÉLITES.

Cette époque embrasse neuf siècles, depuis l'an 1500 environ avant Jésus-Christ, jusqu'à l'an 588, date de la destruction du royaume de Juda par Nébucadnetzar.

L'Éternel, en adressant vocation à Abraham de la ville d'Ur, en Chaldée, lui avait promis, pour ses descendants, la possession du pays de Canaan. Cette promesse se réalisa seulement 500 années plus tard, lorsque Josué, après la sortie du désert, et à la suite d'une guerre d'extermination qui dura sept ans, se fut rendu maître de la plus grande partie de cette contrée idolâtre.

Le territoire conquis fut partagé en douze portions, dont chacune fut assignée à l'une des tribus issues de dix fils de Jacob et de deux fils de Joseph (§ 3). La nationalité israélite fut ainsi substituée dans le pays à celle des Cananéens. Les lois promulguées par Moïse furent mises en vigueur, et les pratiques du culte célébrées d'après les ordonnances de ce divin législateur.

Josué étant mort, les anciens d'Israël gouvernèrent le peuple pendant dix-huit ans. Et déjà les exhortations de Moïse et de son successeur étaient mises en oubli, il y avait de la négligence dans l'observation des lois et dans l'accomplissement des cérémonies religieuses ; des traces d'idolâtrie se propageaient çà et là, et des invasions étrangères amenaient la souffrance et l'oppression. C'est depuis lors que l'Éternel, prenant pitié des Israélites, leur envoie des chefs connus sous le nom de Juges, destinés à les délivrer de l'ennemi, et à ramener l'ordre au milieu d'eux. Temps d'agitation et de guerre qui ne permit pas à la nation choisie de s'asseoir en repos dans le magnifique héritage que Dieu lui avait donné.

Quinze Juges se succédèrent à des intervalles plus ou moins rapprochés. Les Israélites n'en voulurent plus. Ils s'adressent à Samuel, le dernier des quinze, et réclament un roi, comme en ont les autres peuples. Samuel est affligé, consulte l'Éternel, et reçoit l'ordre de céder à ce vœu. Saül, David et Salomon occupent successivement le trône. Sous ces monarques, particulièrement sous les deux derniers, Israël offre le tableau de la gloire, de la prospérité, de la civilisation, du bien-être, du luxe.

Une révolution éclate, et le pays se déchire en deux lambeaux, qui prennent la forme de royaumes. Après bien des jours de malheurs et de péchés, le premier de ces royaumes, celui d'Israël, est anéanti, avec sa capitale Samarie, par le roi des Assyriens, Salmanasar, l'an 722 avant J.-C. Le second de ces royaumes, celui de Juda, survit à l'autre un peu plus d'un siècle, et finit par éprouver le même sort, par suite des mêmes fautes. Nébucadnetzar, roi de Babylone, porte le fer et le feu dans Jérusalem, la réduit en ruines, et emmène captifs dans ses États ceux des habitants qui ont échappé à la destruction, l'an 588 avant J.-C.

§ 46.

Troisième époque.

LA TERRE-SAINTE PENDANT LA CAPTIVITÉ DE BABYLONE.

Avant la destruction de Jérusalem, l'an 588, il y avait eu déjà plusieurs déportations en Babylonie des habitants du royaume de Juda; un certain nombre d'entre eux avaient aussi émigré en Egypte. Cinq ans après la ruine de la capitale, quelques restes de la nation, échappés à l'ennemi, et demeurés sur le sol de la patrie, furent encore traînés en esclavage. La terre de Juda devint alors semblable à un désert, et nous ne savons plus rien de positif sur ses destinées jusqu'au retour de la captivité. Vraisemblablement, quelques portions furent envahies par des peuples voisins, en particulier les frontières méridionales par les Iduméens.

Les dix tribus qui avaient formé le royaume d'Israël, ne présentèrent pas à un aussi haut degré le spectacle de la dévastation, depuis la destruction de Samarie, l'an 722. A la vérité, la plus grande partie des habitants avaient été emmenés en captivité par les rois assyriens, mais le pays à l'est du Jourdain (Pérée) fut promptement occupé par les Moabites et les Ammonites; le nord de la Terre-Sainte (Galilée) renfermait encore beaucoup d'anciens Cananéens; et la contrée de Samarie, presque entièrement dépeuplée par Salmanasar, vit plus tard arriver des colons de diverses provinces de l'Assyrie. Les débris de la nation israélite se trouvèrent ainsi mélangés, dans la Palestine septentrionale, à des étrangers idolâtres et aux descendants des possesseurs primitifs de Canaan. — Les colonies assyriennes, établies sur la terre de Samarie, qui était demeurée quelque temps déserte, eurent à souffrir des lions, alors communs en Palestine. Attribuant cette calamité à leur ignorance de la manière dont il fallait servir le Dieu du pays, elles s'adressèrent à Essar-Haddon, petit-fils de Salmanasar, qui choisit parmi les captifs un prêtre de Samarie, et le leur envoya. Ce sacrificateur israélite vint se fixer à Béthel, et y enseigna la religion mosaïque. Le culte de l'Éternel s'allia de la sorte aux cultes idolâtres, et les descendants de ces populations mélangées furent connus sous le nom de Samaritains.

§ 47.

Quatrième époque.

Babylone tombe, et les captifs d'Israël sont délivrés. Le vainqueur, Cyrus, roi de Perse, permet aux exilés de reprendre possession des héritages de leurs pères. Un premier retour en masse a lieu de suite, sous la conduite de Zorobabel, et plus tard, un deuxième retour se fait sous le sacrificateur Esdras. Les murailles de Jérusalem sont relevées, un nouveau temple est consacré à l'Éternel. Les Juifs demeurent tributaires des rois de Perse, mais sont plutôt protégés que traités en ennemis.

La monarchie persane est à son tour écrasée par Alexandre le Grand, sorti de la Macédoine. La Palestine est soumise à ce conquérant, et, depuis sa mort, à ses successeurs, les rois d'Égypte et de Syrie. Sous l'un de ces derniers, Antiochus-Épiphane, les Juifs sont victimes d'atroces persécutions, et leur temple est profané.

Un cri de résistance et un appel aux armes sont couronnés de succès....... et la Terre-Sainte redevient indépendante et libre pendant plus d'un siècle. C'est le temps des Macchabées. On appela ainsi les princes qui gouvernèrent alors la Judée, d'un surnom que prit Judas, fils de Mathathias, les premiers libérateurs du peuple. Durant cette période, les Juifs sont admirables d'énergie et de fidélité à l'Éternel.

La Palestine ne pouvait échapper aux victoires d'un peuple qui soumettait tout par ses armes et aspirait à la domination du monde entier. L'an 63 avant J.-C., Pompée, général romain, mit le siége devant Jérusalem, s'en rendit maître, et fit de la contrée une province romaine. Hyrcan, l'un des derniers princes macchabéens, fut maintenu au pouvoir avec le titre d'ethnarque, et avec l'obligation de payer un tribut. Un favori d'Hyrcan, Antipater, Iduméen de naissance, avait au fond toute l'autorité ; et c'est un fils de cet Antipater, Hérode, surnommé le Grand, qui finit par obtenir des Romains le titre de roi de Judée.

Sous le règne d'Hérode le Grand, naquit Notre-Seigneur Jésus-Christ.

§ 48.

Cinquième époque.

LA TERRE-SAINTE DEPUIS N.-S. JÉSUS-CHRIST JUSQU'A NOS JOURS.

La Palestine continua à rester sous la domination de Rome, pendant la vie de notre Sauveur, et assez longtemps encore après sa crucifixion.

A la suite de plusieurs révoltes parmi les Juifs, Jérusalem et son temple furent réduits en cendres par une armée romaine que commandait Titus, après le plus horrible siége dont l'histoire fasse mention (§ 37), l'an 70 de l'ère chrétienne. Dès lors, l'existence politique de la nation juive fut anéantie : les débris en furent dispersés sur toute la terre.

Au second siècle, un imposteur, nommé Bar-Cocheba, se fit passer pour le Messie, rassembla tous ceux de ses compatriotes qu'il put réunir, et donna le signal d'une nouvelle insurrection. Les Romains ne tardèrent pas à l'étouffer, et l'imposteur périt dans la mêlée. C'est alors que l'empercur Ælius Adrien fit construire sa ville d'Ælia Capitolina sur les ruines de Jérusalem : il y consacra un temple à Jupiter Capitolin, à l'endroit où avait été le sanctuaire des Israélites. De leur côté, les Juifs renoncèrent à toute tentative pour reconquérir leur indépendance. Les plus savants d'entre eux se vouèrent à l'étude de la religion, et la célèbre école de Tibériade fut fondée vers l'an 180.

§ 49.

Dans le commencement du quatrième siècle, lorsque l'empereur Constantin eut embrassé le christianisme, la Palestine se couvrit d'édifices consacrés au culte évangélique, Jérusalem se repeupla, et l'église du Saint-Sépulcre, fondée sur le Calvaire où avait expiré le Sauveur, fut achevée en 335. Les pèlerins affluaient dans la Terre-Sainte de toutes les parties de l'Orient et de l'Occident.

Le partage de l'empire romain, à la fin du quatrième siècle, fit de la Palestine une province orientale.

Au sixième siècle, les chrétiens étaient encore dominants en Palestine, et l'on y comptait un grand nombre de monastères. Les Juifs y avaient aussi des synagogues.

En 614, Chosroës II, roi des Perses, s'empara de cette contrée, et livra aux flammes l'église du Saint-Sépulcre et tous les édifices du culte chrétien. Quelques années plus tard, à la faveur des armes d'Héraclius, empereur d'Orient, ces édifices se relevèrent dans leur ancienne magnificence. Mais bientôt, les Arabes conquirent la Terre-Sainte, et apportèrent avec eux la religion mahométane, qui dès ce moment y demeura régnante.

§ 50.

Les croisades changèrent pendant deux siècles l'aspect de la Terre-Sainte. Godefroy de Bouillon s'empara de Jérusalem en 1099, et ses successeurs arrachèrent aux Musulmans la plupart des lieux dont le souvenir était cher aux disciples de Jésus. Un royaume chrétien fut fondé en Palestine, et dura jusqu'en 1187, époque de sa destruction et de la prise de Jérusalem par Saladin.

Toutefois, la domination chrétienne se prolongea sur plusieurs villes, notamment de la côte, jusqu'en 1291, où Saint-Jean-d'Acre, dernier boulevard des croisés, fut emportée d'assaut par le sultan d'Égypte.

Depuis cette victoire, les sultans d'Égypte furent en possession de la Palestine jusqu'à sa conquête par l'empereur ottoman Sélim Ier, l'an 1517. Gouvernée par des pachas, elle ne fut, jusqu'à la fin du dix-huitième siècle, le théâtre d'aucun événement important.

A l'époque de l'expédition française en Égypte, Napoléon fit occuper par ses troupes plusieurs villes de la Syrie et de la Palestine, et se retira après avoir échoué dans le siége de Saint-Jean-d'Acre, en 1799.

Le vice-roi d'Égypte, Mohammed-Ali, s'affranchit de l'autorité de la Porte, en 1832. Mais au bout de huit ans, et avec l'aide des puissances européennes, la Palestine et la Syrie sont rentrées sous la domination des Turcs.

CHAPITRE VIII.

Le peuple d'Israël et les nations étrangères.

§ 51.

LE PEUPLE D'ISRAEL.

Le but de l'Éternel, en se faisant un peuple à part, était d'établir et de conserver dans son sein la connaissance du vrai Dieu, au milieu de toutes les autres nations idolâtres. Il fallait donc l'isoler le plus possible des peuples étrangers ; le pays, par sa nature, y contribuait sans doute ; mais Moïse, animé de l'esprit divin, dut recourir à d'autres moyens dans les lois et coutumes qu'il s'efforça d'imprimer aux Israélites.

Leur caractère naturel offrait comme traits principaux : l'ignorance, en grande partie fruit de la vie nomade; la ténacité dans les habitudes et les usages; la sensualité dans les goûts, les penchants et les mœurs; une imagination ardente et mobile. Le climat oriental, sous lequel vivaient les Hébreux, fait comprendre l'ensemble de ces dispositions, auxquelles se joignait la pratique de l'hospitalité.

Ces différents traits conviennent surtout aux premiers temps de l'histoire des Hébreux. Peu à peu, ils se modifièrent, sous l'influence des institutions de Moïse, puis d'une civilisation croissante.

A l'époque du Sauveur, grâce à Moïse, aux prophètes et à une protection constante du Tout-Puissant, le peuple d'Israël était suffisamment préparé pour se trouver en état de saisir et de recevoir dans son cœur la religion de Jésus, malgré bien des préjugés existant encore (et que, du reste, la doctrine chrétienne était destinée à dissiper).

§ 52.

LES NATIONS ÉTRANGÈRES.

Si les Israélites devaient former une nation à part et ne point se mélanger aux autres peuples, il était impossible qu'ils n'eussent avec eux aucun rapport. Aussi, dans leur histoire, est-il fréquemment question de pays dont il est utile de dire ici quelques mots pour l'intelligence de la Bible.

Il y avait d'abord, dans le voisinage de la Terre-Sainte, des peuples originairement du même sang que les Israélites, et descendus comme eux d'Abraham. C'étaient les Ammonites, les Moabites, les Madianites, les Iduméens, les Ismaélites et les Amalécites.

1. *Ammonites*, descendants de Loth, neveu d'Abraham, fixés à l'est de la Palestine, au delà du Jabbok, du côté de l'Arabie. Les Hébreux ne devaient pas les traiter en ennemis, à cause de leur origine commune; ils ne devaient pas non plus rechercher la paix avec eux. En fait, l'histoire les montre constamment en état d'hostilité. Il y eut de nombreuses guerres sous le juge Jephté, qui détruisit vingt de leurs villes, puis sous les rois Saül, David, etc. Après la captivité, et au temps des Macchabées, les Ammonites exercent encore des inimitiés contre les Juifs. Leur principale divinité était Moloch, à qui l'on sacrifiait de petits enfants. — Capitale : *Rabbath-Ammon*, à l'assaut de laquelle David fit périr Urie.

2. *Moabites*, autres descendants de Loth, à l'est de la Palestine, près de l'Arnon, plus au sud que les Ammonites. Comme ceux-ci, ils étaient exclus à perpétuité du droit de cité en Israël. Ils furent souvent en guerre avec les Hébreux, surtout du temps des Rois. A l'époque des derniers Juges, il paraît qu'ils vivaient dans un état réciproque de bonne harmonie; c'est alors que des Israélites vont s'établir au pays de Moab à l'occasion d'une famine, et que l'un d'eux épouse Ruth la Moabite. Ce peuple adorait particulièrement Bahal-Pehor, dont le culte s'alliait à des actes infâmes. — Capitale : *Rabbath-Moab*.

3. *Madianites*, descendants de Madian, fils d'Abraham, par Kétura, sa seconde femme. Ils vécurent d'abord dans les environs de la mer Rouge, puis près de la mer Morte. C'est à des marchands madianites que fut vendu Joseph; et c'est auprès de Jéthro, chef d'une tribu éparse, que se réfugia Moïse. Au temps des Juges, ils étaient les ennemis acharnés des Hébreux qu'ils opprimaient et dont ils ravageaient les terres : Gédéon remporta sur eux d'éclatantes victoires, et les réduisit, pour l'avenir, à un état d'impuissance. Ils avaient Bahal-Pehor pour principale divinité.

4. *Iduméens* ou *Edomites*, descendants d'Esaü, surnommé Edom, fils d'Isaac. Ils habitaient au sud de la Palestine, dans les monts Séhir, à l'ouest de la mer Morte. Moïse avait ordonné de les traiter en amis ; mais, plus d'une fois, ils se conduisirent en ennemis vis-à-vis de leurs frères les Israélites, auxquels ils furent fréquemment assujettis par la force des armes. Pendant la captivité, ils envahirent les portions méridionales de la Judée, où, plus tard, ils furent soumis par les Macchabées, et même contraints d'embrasser le judaïsme. La Bible se tait complétement sur la religion qu'ils avaient jusque-là professée. Il paraît que c'était une nation assez sage et amie des lumières, vouée au commerce par caravanes, à la culture des terres et des bestiaux. Hérode, qui gouvernait la Judée à l'époque du Sauveur, était Iduméen. — Villes principales : *Séla, Bosra, Elath, Théman.*

5. *Ismaélites*, descendants d'Ismaël, fils d'Abraham, par sa servante Agar, tribus nomades errant dans les déserts de l'Arabie : Ismaël avait eu douze fils, qui devinrent chefs de douze tribus. Les Arabes reconnaissent encore Abraham pour père. Ils eurent peu de rapports avec les Hébreux ; sans être positivement leurs ennemis, ils se montrèrent plutôt malveillants à leur égard.

6. *Amalécites*, descendants de Cham, par conséquent de race cananéenne, vouée à l'extermination. Leur pays était au sud, près des Iduméens, en dehors des frontières de la Terre promise. Ils se montrèrent les ennemis acharnés des Israélites, et furent les premiers à les attaquer après leur sortie d'Égypte. David réussit à les soumettre, de telle sorte qu'on ne les voit plus reparaître dans l'histoire comme nation indépendante.

§ 53.

Outre ces peuples, parents des Israélites et établis dans le voisinage de la Terre-Sainte, citons sommairement les pays, en général plus éloignés, et dont les habitants étaient d'une autre origine que les Hébreux. Nous nous bornons à ceux dont il est fait mention dans la Bible jusqu'à la destruction des royaumes d'Israël et de Juda. C'étaient :

1. L'*Égypte ;* le peuple de Dieu devait se souvenir qu'il avait été étranger en Égypte : aussi ne devait-il pas haïr ses habitants, qui pouvaient même acquérir le droit de citoyens en Israël après la troisième génération ; toutefois, leur alliance offrait des dangers pour les Hébreux, et la parole des prophètes la repousse.

2. L'*Arabie*, formée de tribus nomades, souvent pillardes, tantôt amies, tantôt ennemies des Israélites.

3. La *Syrie*, au nord de la Palestine.

4. La *Mésopotamie*, à l'est de la Palestine, plaine entre le Tigre et l'Euphrate.

5. L'*Assyrie*, province étroite située contre le Tigre, et qui avait Ninive pour capitale.

6. La *Chaldée*, au sud du confluent du Tigre et de l'Euphrate ; capitale, Babylone.

7. La *Médie*, au sud de la mer Caspienne.

8. La *Perse*, au nord du golfe Persique.

9. La *Phénicie*, le long de la Méditerranée, au nord de la Terre-Sainte ; elle était occupée par une peuplade petite, mais redoutable par son commerce, son industrie, ses richesses, et dangereuse pour les Israélites par le rapprochement.

CHAPITRE IX.

Religion et forme de gouvernement.

§ 54.

RELIGION.

Les deux vérités essentielles, qui formaient la base de la religion des Israélites, étaient : la connaissance du vrai Dieu et la promesse d'un Sauveur.

1. *Connaissance du vrai Dieu.* Le peuple hébreu, seul au milieu de toutes les nations de la terre, professait le monothéisme, c'est-à-dire la croyance en un Dieu unique et spirituel. L'idolâtrie, ou adoration de fausses divinités, lui était sévèrement défendue, et la peine de mort était réservée au coupable. — De plus, tout ce qui pouvait conduire à altérer la notion pure du monothéisme était réprimé avec le plus grand soin. Ainsi, il n'était pas permis de faire des images de l'Éternel, parce que c'est un être spirituel et invisible; il n'était pas permis de faire des représentations de créatures quelconques, pour leur rendre un culte : il n'était pas permis d'imiter les autels et les bocages des hauts-lieux, consacrés chez les nations païennes à de fausses divinités; il n'était pas permis de se livrer à la magie, à la divination, à l'interprétation des songes, etc., parce que tout cela s'accompagnait d'actes idolâtres et portait atteinte à la toute-puissance du seul vrai Dieu.

2. *Promesse d'un Sauveur.* Au moment où Dieu chassa Adam du jardin d'Éden, il lui promit qu'un de ses descendants délivrerait les hommes de la peine du péché et leur ouvrirait l'entrée du ciel. Dès lors, cette

promesse fut répétée à Abraham, aux autres patriarches, à tous les Israélites par la bouche des prophètes, qui successivement dévoilèrent la famille d'où sortirait le Sauveur, le lieu et l'époque de sa naissance, son genre de vie, la nature de son ministère, ses souffrances et sa mort. Les Israélites, de génération en génération, devaient donc vivre dans l'attente de ce Libérateur promis.

§ 55.

Outre ces deux dogmes fondamentaux de leur religion, les Israélites croyaient aux anges et à la providence.

L'immortalité de l'âme ne leur avait pas été positivement enseignée par Moïse ; mais elle se peut déduire de plusieurs passages de l'Ancien Testament. Les récompenses et les peines avaient lieu ici-bas au milieu de ce peuple, que la main de l'Éternel dirigeait d'une manière toute particulière.

Au temps du Sauveur, il y avait des sectes parmi les Juifs : les Pharisiens, qui s'attachaient à une foule de pratiques et observances non ordonnées dans l'Écriture, et qui admettaient une tradition orale, c'est-à-dire, des enseignements qu'ils prétendaient s'être transmis de bouche en bouche depuis Moïse jusqu'à eux ; les Sadducéens, qui ne recevaient que les doctrines renfermées dans Moïse et les prophètes, et qui plaçaient les vertus et la conduite au-dessus des pratiques extérieures de la religion ; les Esséniens, qui formaient une sorte d'association de philosophes, ayant presque toutes les opinions des Pharisiens, mais amis d'une moralité sévère, s'appliquant à dompter les passions humaines par une vie laborieuse, par la tempérance et par une piété sincère.

§ 56.

FORME DE GOUVERNEMENT.

Le gouvernement des Israélites était une *théocratie.* En d'autres termes, c'est l'Éternel qui était considéré comme leur monarque temporel, chef suprême et invisible de la nation et propriétaire du sol qu'elle habitait en Canaan. Les chefs visibles que se donnait le peuple, étaient serviteurs du Dieu souverain et devaient faire exécuter sa Loi. Les prêtres n'étaient pas un pouvoir dans l'État.

Il y avait, parmi les Israélites, des chefs de tribus, de familles et de maisons, et de plus des anciens qui jouissaient d'une assez grande autorité.

La théocratie des Hébreux permettait diverses *formes* de gouvernement.

Dans les temps les plus anciens, sous Moïse, Josué et les Juges, c'était une sorte de démocratie. Les tribus étaient associées en confédération, ayant à leur tête un chef dont le pouvoir était limité par des assemblées du peuple.

Puis vint la monarchie ou le gouvernement des Rois, qui dura depuis Saül jusqu'à la captivité de Babylone. Les Rois étaient les représentants de Dieu, dont ils devaient, avant tout, observer fidèlement les ordonnances.

Après la captivité, les Juifs eurent des gouverneurs soumis successivement aux Perses, aux Grecs et aux Syriens.

Sous les Macchabées, la nation, redevenue libre, eut des rois tirés de son sein, et dont le pouvoir était très-étendu.

Enfin, lorsque les Romains devinrent maîtres de la

Palestine, ils y placèrent des gouverneurs revêtus de divers titres.

CHAPITRE X.

Langue, agriculture et commerce.

§ 57.

LANGUE.

La langue des Israélites était l'*hébreu* ou la *langue hébraïque*. Ils la parlèrent dès les temps les plus anciens jusqu'à la captivité de Babylone. L'hébreu est une langue poétique et très-simple dans ses constructions; elle est peu riche, et ne compte que 5,642 mots, d'après les livres qui nous rester

Les Juifs captifs en Assyrie adoptèrent peu à peu le langage chaldéen qui y était parlé, en sorte que la langue hébraïque devint tout à fait morte après Alexandre le Grand. Rétablis dans leur pays, et voisins de la Syrie, ils finirent par adopter beaucoup de termes de la langue syriaque; il en résulta un dialecte mélangé, appelé *syro-chaldéen*, que parlaient les Juifs de la Palestine à l'époque de notre Sauveur. Le grec était alors très-répandu, et c'est dans cette langue que s'exprimait la généralité des Juifs vivant hors des limites de la Terre-Sainte, à Alexandrie, dans l'Asie Mineure, etc.

L'instruction n'était guère répandue chez les Israélites, et ils ne possédaient pas d'écoles avant la captivité. Les pères transmettaient à leurs enfants les traditions religieuses et nationales qu'il leur importait le plus de savoir. Des connaissances plus développées se trouvaient seulement chez les ministres de la religion. A mesure qu'on se rapproche du temps de Jésus-Christ, l'instruction devient plus générale, et des écoles publiques s'organisent au moyen des scribes ou docteurs.

§ 58.

AGRICULTURE.

Du temps des patriarches et pendant leur séjour en Égypte, les Israélites étaient adonnés à la vie nomade, consistant essentiellement dans le soin des troupeaux.

Après la conquête du pays de Canaan, ils ne négligent point la culture et l'entretien des troupeaux ; mais ils s'attachent avant tout à la vie agricole, destinée à les fixer dans la contrée que l'Éternel leur donne, et, par conséquent à les préserver du contact des étrangers idolâtres. Dès qu'ils sont maîtres de la Terre promise, on les voit se livrer avec ardeur à l'agriculture, et tout est combiné pour la rendre respectable à leurs yeux.

La fertilité du terrain les seconde, et les plus magnifiques produits couvrent bientôt le sol de la Palestine (voy. § 18 et suiv.). Les parties montagneuses sont disposées en forme de terrasses, et la terre est retenue par des murs ; les plaines, arrosées de ruisseaux, sont coupées par de nombreux canaux ; des instruments aratoires, entre autres la charrue, sont inventés, perfectionnés ; les bœufs, quelquefois les ânes, sont employés aux travaux.

On ensemençait la terre en novembre, et pour les récoltes d'été en janvier et février ; la moisson des orges tombait en mars, celle du froment en avril.

La Bible mentionne les aires où se battait le blé. Ce n'étaient pas des granges renfermées comme les nôtres, c'étaient des espaces en plein air au coin d'un champ, formés avec de la terre battue qu'on faisait sécher au soleil. Le blé y était mis lié en gerbes, et des bœufs non emmuselés le foulaient aux pieds, afin de séparer le grain d'avec la paille. D'autres fois, on faisait passer par-dessus des espèces de herses ou rouleaux, garnis de fer dentelé ; la paille demeurait ainsi hachée et le grain se dégageait de son enveloppe ; après quoi, il était mis dans des sacs et porté dans des greniers, soit grottes souterraines, dont on recouvrait soigneusement l'ouverture avec de la terre pour qu'on ne pût pas les découvrir.

Plusieurs institutions tendaient à favoriser la vie agricole chez les Israélites.

§ 59.

COMMERCE.

La situation géographique de la Palestine était admirable pour se prêter au négoce avec les nations étrangères ; mais la Loi de l'Éternel , qui s'opposait aux liaisons avec les pays idôlatres, ne permettait guère aux Israélites d'être un peuple commerçant ni adonné aux voyages.

Ils furent donc pendant longtemps étrangers, ou à peu près, au commerce maritime et lointain, dangereux pour la conservation de leur religion , ennemi de la simplicité des mœurs et des douceurs de la vie domestique. Toutefois, il y avait dans l'intérieur de la Terre-Sainte un mouvement commercial facilité par les trois grandes fêtes à Jérusalem, qui amenaient de véritables foires. Il y avait aussi un petit commerce avec Tyr et Sidon , qui étaient voisines, et un commerce de transit, provenant de marchandises qui traversaient la Palestine, conduites en Phénicie par des caravanes arabes depuis les ports de la mer Rouge.

Le roi Salomon, qui aimait le luxe et les richesses, profita de la position de la Palestine et envoya des vaisseaux jusque dans les Indes. Il en tirait de l'or et autres choses précieuses, en échange des productions végétales de son pays, telles que l'huile, le blé et le baume. Après la mort de Salomon, les entreprises commerciales furent négligées, les prophètes s'élevant contre elles et les habitudes agricoles s'étant enracinées au milieu du peuple.

FIN.

LISTE ALPHABÉTIQUE

DES NOMS DE LIEUX ET DE PEUPLES.

A

ABARIM, montagnes, page 13.
ACCO, ville, 37.
ACRA, colline, 40.
ADMA, ville, 18.
ÆLIA CAPITOLINA, v. *Jérusalem.*
AJALON, vallée, 15.
— ville, 43.
AMALÉCITES, peuple, 58.
AMMONITES, peuple, 57.
AMORRHÉENS, peuple, 47.
ANAKIM, peuple, 48.
ANTILIBAN, montagnes, 12.
ANTIPATRIS, ville, 39.
APHEK, ville, 36.
ARABIE, pays, 59.
ARIMATHÉE, v. *Rama.*
ARNON, rivière, 19.
ARVADIENS, peuple, 47.
ASCALON, ville, 45.
ASDOD, ville, 45.
ASPHALTITE (lac), 18.
ASSER, tribu, 9.
ASSYRIE, pays, 59.
AURANITIDE, province, 10.
AZOT, v. *Asdod.*

B

BABYLONE, ville, 59.
BANIAS, v. *Césarée de Philippe.*

BASAN, montagnes, 13.
BATANÉE, province, 10.
BÉERSÉBA (désert de), 16.
— ville, 44.
BÉLUS, ruisseau, 20.
BENJAMIN, tribu, 9.
BÉSOR, rivière, 20.
BETHABARA, ville, 47.
BÉTHANIE, bourg, 42.
— ville, v. *Bethabara.*
BETHAVEN (désert de), 16.
BÉTHEL, ville, 43.
BETHLÉEM, ville, 43.
BETHPHAGÉ, bourg, 42.
BETHSAÏDA (désert de), 16.
— ville, 35.
BETHSAÏDA-JULIAS, ville, 46.
BOSRA, ville, 58.

C

CALVAIRE, mont, 40.
CANA, ville, 36.
CANAAN, pays, 7.
CANANÉENS, peuple, 47.
CAPERNAÜM, ville, 35.
CARMEL, mont, 12.
CÉDRON (vallée du), 15.
— torrent, 19.
CÉSARÉE, ville, 39.
CÉSARÉE DE PHILIPPE, ville, 46.
CHALDÉE, pays, 59.

K

KANA, rivière, 20.
KEDESCH, ville, 34.
KINNERETH, ville, 35.
KIRJATH-ARBA, v. *Hébron*.
KISON, rivière, 20.
KODS (EL), v. *Jérusalem*.

L

LAÏSCH, v. *Dan*.
LIBAN, montagnes, 11.
LUZ, v. *Béthel*.
LYDDE, ville, 45.

M

MACPÉLA, caverne et champ, 44.
MADIANITES, peuple, 57.
MAGDALA, village, 36.
MAHON (désert de), 16.
MAMRÉ, vallée et bois, 44.
MANASSÉ, tribu, 9.
MAUVAIS CONSEIL (mont du), 40.
MÉDIE, pays, 59.
MER MORTE, — de sel, — de la plaine, — orientale, — de Loth, 18.
MÉROM, lac, 17.
MÉSOPOTAMIE, pays, 59.
MOABITES, peuple, 57.
MORIJA, mont, 13, 40.

N

NAÏN, ville, 36.
NAPLOUSE, v. *Sichem*.
NASRA, v. *Nazareth*.
NAZARETH, ville, 36.
NÉAPOLIS, v. *Sichem*.
NEBO, mont, 13.
NEPHTHALI, mont, 12.
— tribu, 9.
NINIVE, ville, 59.

O

OLIVIERS (mont des), 13, 40.

P

PALESTINE, pays, 7.
PANACAS, v. *Césarée de Philippe*.
PELLA, ville, 47.
PEOR, mont, 13.
PÉRÉE, province, 10, 46.
PERSE, pays, 59.
PHÉNICIE, pays, 59.
PHÉRÉSIENS, peuple, 48.
PHILISTINS, peuple, 48.
PISGA, mont, 13.
PTOLÉMAÏS, ville, 37.

R

RABBATH-AMMON, ville, 57.
RABBATH-MOAB, ville, 57.
RAMA, ville, 43.
RÉPHAÏM (vallée des), 15.
— peuple, 48.
RUBEN, tribu, 9.

S

SAINT-JEAN-D'ACRE (golfe de), 20.
— ville, 37.
SALEM, v. *Jérusalem*.
SALIM, ville, 38.
SAMARIE, province, 10, 37.
— ville, 38.
SANG (champ du), 40.
SARON, vallée ou plaine, 14.
SÉBASTE. v. *Samarie*.
SÉLA, ville, 58.
SÉPHÉLA, vallée ou plaine, 14.
SÉPHORIS, ville, 36.
SICHAR, v. *Sichem*.
SICHEM, ville, 38.
SIDONIENS, peuple, 47.
SILO, ville, 39.

TABLE.

FIN DE LA TABLE.

Paris. — Imp. de Mme Ve Dondey-Dupré, rue Saint-Louis, 46, au Marais.

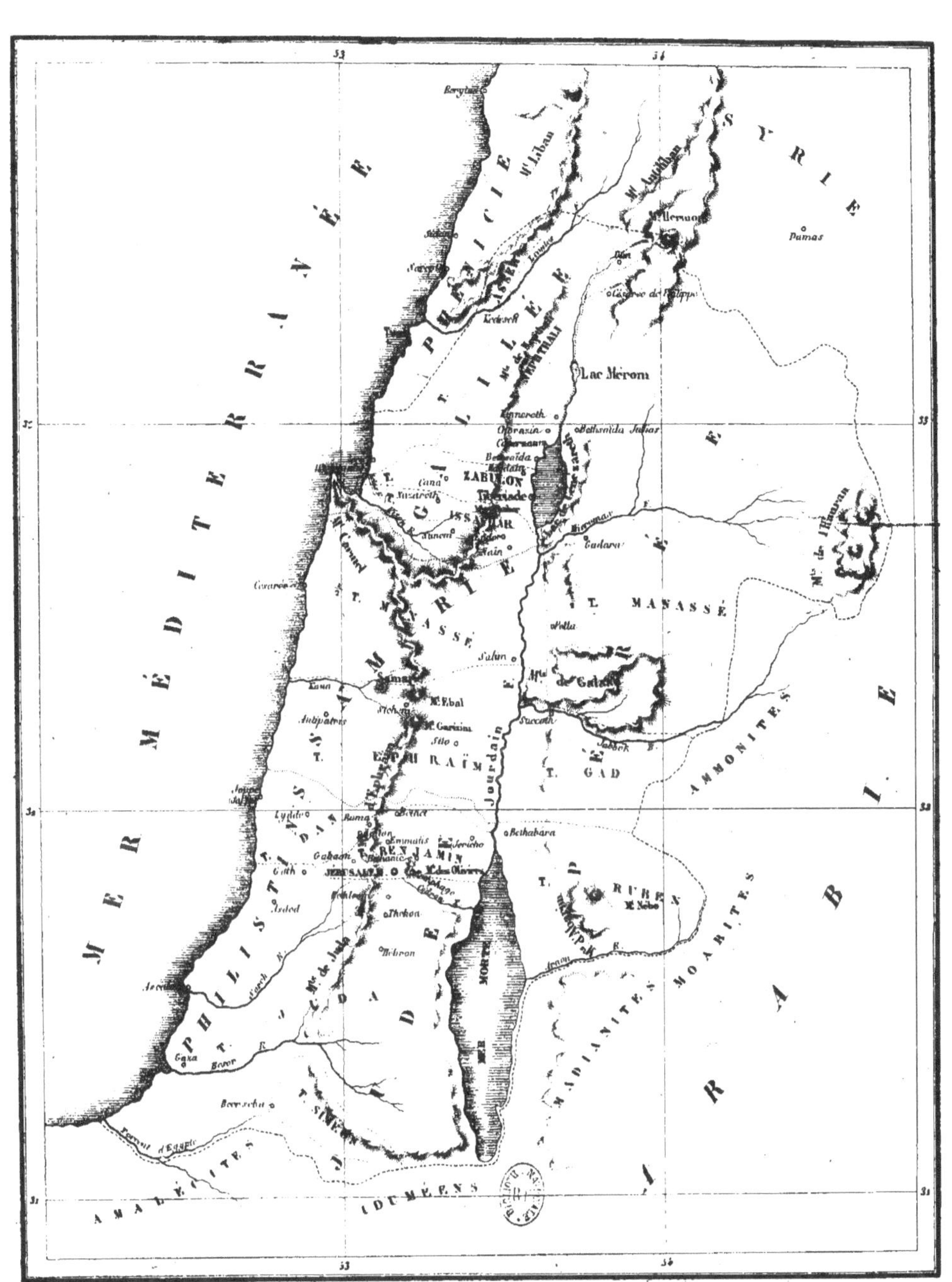

SYRIE
PHÉNICIE
MER MÉDITERRANÉE
Mt Liban
Mt Anti-Liban
Hermon
Panéas
Bérytus
Sarepta
Kedesch
Césarée de Philippe
Dan
Lac Merom
NEPHTALI
GALILÉE
Genesareth
Corazin
Capernaum
Bethsaïda Julias
Bethsaïda
Magdala
ZABULON
Cana
Nazareth
Tiberiade
ISSACHAR
Sunem
Nain
Gadara
Mt Carmel
Césarée
T. MANASSÉ
Pella
SAMARIE
MANASSÉ
Salim
Mt de Galaad
Laun
Samarie
Succoth
Antipatras
Sichem
Mt Ebal
Silo
Mt Garizim
EPHRAÏM
Jabock
T. GAD
Jourdain
AMMONITES
Joppé
Lydde
Rama
BÉNANI
Gabaon
Emmaüs
Jéricho
Bethabara
Gath
JERUSALEM
Mt des Oliviers
Bethléem
T. RUBEN
Mt Nébo
Asdod
Thekoa
Hebron
MORTE
MER
Arnon
Ascalon
MOABITES
PHILISTINS
JUDA
Mt de Juda
Gaza
Beror
MADIANITES
Bersabée
T. SIMÉON
ARABIE
Torrent d'Egypte
AMALÉCITES
IDUMÉENS